人世若溪，坎坷为歌

萧红传

蒋亚林　著

广陵书社

图书在版编目（ＣＩＰ）数据

萧红传：人世若溪，坎坷为歌 / 蒋亚林著. -- 扬州：广陵书社，2020.3（2022.3重印）
（回望萧红 / 陈武主编）
ISBN 978-7-5554-1345-5

Ⅰ. ①萧… Ⅱ. ①蒋… Ⅲ. ①萧红（1911-1942）—传记 Ⅳ. ①K825.6

中国版本图书馆CIP数据核字(2019)第280861号

书　　名	萧红传：人世若溪，坎坷为歌	丛 书 名	回望萧红
著　　者	蒋亚林	丛书主编	陈　武
责任编辑	王浩宇	特约编辑	罗路晗
出 版 人	曾学文	封面设计	琥珀视觉

出版发行 广陵书社
　　　　　扬州市四望亭路 2-4 号　　　　邮编：225001
　　　　　(0514)85228081(总编办)　　　85228088(发行部)
　　　　　http://www.yzglpub.com　　　E-mail:yzglss@163.com
印　　刷 三河市华东印刷有限公司

开　　本	880mm×1230mm　　1/32
字　　数	206 千字
印　　张	11.25
版　　次	2020 年 3 月第 1 版
印　　次	2022 年 3 月第 2 次印刷
书　　号	ISBN 978-7-5554-1345-5
定　　价	68.00 元

目　录

第一章　有一种童年，就有一种未来

女性的天空是低的

2013 年初春的一天，我独坐书斋，久久思考萧红的出生。

萧红出生的具体时辰我不清楚，但不知道为什么，我坚定不移地认为，如果是白天，那天的天空应该瓦蓝瓦蓝，瓦蓝中还有一缕缕白，那是云的丝带，细细的，拖得很长很长，被那瓦蓝衬着，更显得白净，像玉。萧红的本名张廼莹，莹，光洁的玉石，就是这个意思。这净朗的天空像一张很慈和的老人的脸俯向张家大院，不时还有一声鸽哨悦耳地从高空滑过。这是说的白天，如果是夜晚，那一定是月明之夜，星斗一闪一闪，像调皮的小眼睛。

我这么细腻地描述与夸张，是基于张氏家族当时的一个特殊背景，一个阖家期盼的基调。

张家在呼兰虽是个殷实的乡绅之家，但到萧红的祖父张维祯往下，男丁不旺，只有一子三女，唯一的儿子早年夭折。思想正统的张老先生，既不愿接受膝下无子的凄凉，更不敢顶上"不孝有三，无后为大"的罪名，于是从族里过继了一个男儿做了自己的儿子。张维祯的三个女儿先后出嫁后，张家大院人丁寥落，清冷寂静，了无生气。因此，萧红的母亲姜玉兰那一日日突起的不只是肚腹，更是张家未来的希望。他们不只是盼望一个新生命的诞生，更是盼望能给张家传递香火，摔盆子扛幡的好男儿的出现。只要他一旦出世，张家本来日见细弱的那一支血脉，来日就会汹涌起来，强健壮大，成为一条龙，在呼兰的黑土地上撒欢腾飞！

基于这样的背景，我们可以悬想，五月初五这一天，当萧红的母亲姜玉兰开始出现阵痛，接生婆被二伯用马拉车隆重地接来，准备接生的那间东屋的门虚虚关上，灶房里的大灶火焰升腾正烧着一锅准备洗涤之用的热水时，张家大院的每个人，上至六十多岁的老祖父、老祖母，下至料理杂务的下人，无不悬着一双双殷殷的望眼。

在嘹亮的鸽哨声中，或者星星欢快闪烁的目光之下，姜玉兰生下了萧红。

虽是女孩，但萧红的那一声嘹亮的哭，一下撕裂了张家大院长期以来的死寂，把整个大院生机勃勃地点燃！

萧红生日是 1911 年 6 月 1 日。这一年的 10 月爆发了辛亥革命，中华大地雷声隆隆，风云变幻，因袭了几千年的封建帝制一朝瓦解，于是有人认为萧红命定地打上了时代的烙印，身上埋下了求新变革与叛逆的种子。6月1日是阳历，阴历偏巧五月初五端午，是爱国主义诗人屈原的祭日，这一天勾连着中国浪漫主义文学的一个遥远的源头，萧红在这一天出生，注定了她这一生的文学宿命。我不赞成这些观点。生于辛亥年的都有反骨，中国的天地不早翻了几个个儿了？端午出生的就秉承了浪漫主义之父的文学基因，那每年在这天诞生的文学家不把中国大地站满了，诺贝尔文学奖的桂枝何至于直到今天才让莫言先生攀折到手？当然，这些牵强的说法也很好理解。萧红已红透华夏，成为名人，既是名人，总

萧红出生处（东院五间正房）

得从前世今生里找出些因果缘由吧。这就好像古代的帝王将相，史家为他们作史作传，不都从天文地理上考证出若干有别于常人百姓的灵异说法吗。《史记》里有，《汉书》里有，不一而足。可见现在的一些分析家，屁股虽坐在沙发上，脖子上顶着的还是一颗古代的脑袋。

萧红出生了。

萧红是张家第三代里的第一个，粉嘟嘟可爱的小脸，天使一般，阖家没有一个不欢喜。一家子聚到一起，萧红成为一道道目光汇聚的焦点，绫罗绸缎中的小身子，时不时被大姑、二姑、三姑抱来抱去，亲一下，逗一下，咯咯笑。人的记忆如果起始于三四岁的话，那么，萧红的这段甜蜜的生活应该是在这之前，那时萧红尚缺少记忆能力，即使有记忆留存于心中，那也是碎碎的，飘忽若梦。加之后来生活内容的阴冷，早把它们吹散殆尽了。

萧红的母亲姜玉兰出生于一个乡村地主家庭，识文断字，精通针凿。她一心要把萧红培养成大家闺秀，很小的时候就用方字块教萧红识字，对她管教极严。当她看到祖父对萧红溺爱纵容时，心里就暗暗担心，背后不止一次对萧红的父亲说，这样怕是不好，会养成她的坏脾气。

母亲时不时带萧红去姥姥家。姥姥家在乡下，离呼兰大约20多里，一路上总有许多在县城看不到的景象，树林呀、田野呀、河流呀、马车呀、爬犁呀、雾凇呀……姥姥很喜欢萧红，老做好吃的给她吃。在姥姥家，她跟小朋友们一起玩，学会了一些新鲜的游戏，其中一种叫"嘎拉哈"的，以前从没有玩过。她还跟大一些的孩子学剪纸。萧红太喜欢去姥姥家了，在那里自由欢快，可以玩许多没有玩过的游戏，看到很多城里看不到的东西。

再后来，萧红母亲怀上了小弟弟。萧红听说要有弟弟了，好高兴。她可以有小弟弟抱了，从今往后，不再是一个人了，有人跟她玩了。萧红高兴得一蹦一跳！晚上，萧红耐不住了，用手摸着母亲隆得高高的肚子，问：

"小弟弟在哪儿？我怎么摸不到呀？"

小弟弟生下来了，叫富贵。萧红天天围着母亲转，想学母亲的样，抱抱小弟。母亲哪里肯，说："你太小，抱不动。"

萧红想，不让抱，就摸，把手伸过去，母亲又拦住她的手，说："小孩子的手不干净，不能碰到宝宝身上。"

萧红把手缩回来。可萧红就是想抱，抱不动，摸。萧红手才摸到弟弟的脸，奶奶就喊起来：

"了不得哟，这死丫头，想剁手啦！"

接下来，就不让萧红靠近小弟弟了。

这一年是 1914 年，萧红 4 岁。

4 岁的萧红在母亲生富贵时，夹在欢喜忙碌的大人的腿缝里仰着小脸眨巴着乌溜溜的大眼，全不知道弟弟的出生会

1914年，萧红与母亲姜玉兰合影

给她的生活带来什么变化。这种变化，最初她还懵然不知，但随着年龄的增长，生活琐事的一件件叠加，她慢慢感受到了，原来在这家里，弟弟是一轮太阳，她已退缩为小星星，甚至太阳背后的天空，她的位置也完全被小弟弟抢去了，而且受宠的程度远远高于当初的她。在有小弟弟之前，萧红时常被母亲搂在怀里，抱坐在腿上，跟她说话，喂她吃好东西，逗她玩。可如今，母亲温暖的怀抱被弟弟占去了。母亲整天围着富贵忙碌，萧红只能像跟屁虫似的跟在后面。萧红一定是眼睛大大的盯着母亲，盯着小弟弟。一个小孩看到糖块想吃而不能吃到，将手指吮吸在嘴里，这应该就是萧红当时的状态。一颗小小的稚嫩的心，难受了。接下来，萧红不再在妈妈面前做跟屁虫了。她头一扭，跑出房间，跑到祖父屋里，跑到家里的后园，跑到储藏室。她跟七星瓢虫玩，跟蝴蝶玩，跟木刀玩，跟画粉玩，跟座钟里的钟摆玩。她不要小弟弟了。她就自己一个人。一个人玩，挺好。

不久，萧红的小弟弟富贵夭折了。在萧红6岁这年，母亲又生了萧红的二弟张秀珂。母亲在失去了富贵之后，盼星星盼月亮，终于盼来了又一个儿子，这对一直暗暗负疚的母亲，是一种很大的安慰。可以肯定，她对这个孩子的呵护关爱一定是到了极致。而母亲连续生育三次，家里又有一堆事情落在肩上，精力渐渐有些不济，于是对能够脱手自己去玩的萧红，也就无暇过问，有些忽视了。而随着年龄增大，萧红渐渐有了自己的感受，于是小小的心不由变凉，凉了之后，又一点一点变硬，变得倔强，越发不那么听话，整天一个人钻到后园里去，钻到储藏室去，有时天黑了，还一个人趴在草上看星星。

其实作为母亲没有一个不爱自己儿女的。萧红的母亲在她生命垂危时，曾默默望着萧红流泪，对这个生性倔强的女儿不放心，舍不下。母亲对萧红一段时期的忽视不能怪她，男尊女卑，传宗接代，这是几千年封建社会的伦理纲常，一个人处于这样大的系统环境里，怎能不受约束？

但这段童年生活，却成了萧红心中永远抹不去的忧伤。这忧伤，一直影响着她，乃至一生。在《呼兰河传》以及早期的一些散文里，萧红对她的这一段忧伤曾作回望，回望时的心情是怨艾的。萧红记写母亲的文字寥若晨星，我们从她青春时代的散文中，寻找到这么一段：

> 母亲并不十分爱我，但也总算是母亲。她病了三天了，是七月的末梢，许多医生来过了，他们骑着白马，坐着三轮车，但那最高的一个，他用银针在母亲的腿上刺了一下，他说：
>
> "血流则生，不流则亡。"
>
> 我确确实实看到那针孔是没有流血，只是母亲的腿上凭空多了一个黑点。医生和别人都退了出去，他们在堂屋里议论着。我背向了母亲，我不再看她腿上的黑点。我站着。
>
> "母亲就要没有了吗？"我想。

大概就是她极短的清醒的时候：

"……你哭了吗？不怕，妈死不了！"

我垂下头去，扯住了衣襟，母亲也哭了。

而后我站到房后摆着花盆的木架旁边去。我从衣袋取出来母亲买给我的小洋刀。

"小洋刀丢了就从此没有了吧？"于是眼泪又来了。

（萧红《感情的碎片》[①]）

这段文字记写了母亲病重时萧红的心理状态，从中我们不难看出女儿对母亲的深情，虽然这当中不乏丝丝抱怨的情绪。

离开呼兰后的萧红日渐长大成熟，现代新知如潮水一般不断涌进大脑，使她越来越具备理性思辨的能力。回首以往，拣拾童年生活的碎片，她除了怨艾，除了痛，除了恨，更有了一种理性的归结。她说：

女性的天空是低的，羽翼是稀薄的，而身边的累赘又是笨重的。

---

① 书中所引萧红文章，主要参考林贤治编注的《1932—1942 萧红十年集》，此后不一一出注。

又说：

> 我一生最大的痛苦和不幸都是因为我是女人……

这是浸着血的总结，

更是迸着泪的喟叹。

从这里我们看出，萧红已认识到了幼儿时母亲乃至家里好一些人对她忽视的根源。如果说是不幸，那是性别的不幸，一切的根源不在于个体的人，而在于那个时代，那个充斥着封建伦理纲常的社会。

探求与发现

萧红小时候胆子大，对什么都怀有好奇心。她喜欢玩，可萧红在家是老大，弟弟比她小好多，大人又忙着各人的事，对她有所忽视，没人陪她玩，这就让她自然而然地养成了一个人独玩单耍的习惯。

萧红的玩有时是很让人头疼的。三岁那年，一天，二姑抱着她到祖母屋里。二姑抱久了，胳膊吃不消，把她放在炕上。萧红脱离了二姑两臂的约束，好开心！炕是很大的炕，萧红"笃笃笃"从这头跑到那头，又"笃笃笃"从那头跑到这头。祖母怕她从炕上跌下，不让她跑，二姑伸手一把拉住她，可萧红挣脱二姑的手，"笃笃笃"又跑起来。二姑与祖母没办法，就在炕沿坐下，不让她到边上来。萧红跑了一阵，不想跑了，站下。炕里面是一扇窗，窗格上糊着白白的纸，白纸透着院子里的光，很干净，很亮堂。萧红往炕里边跑，跑到跟前，举起胖胖的二拇指，"嘭！"往上一捅，窗纸开了一个洞，像一只毛拉拉的大眼睛望着萧红。萧红觉得好玩，不假思索地又往上捅，"嘭！嘭！嘭！"窗上睁出好几只眼。

祖母骂起来："你这个小闯王，剁手啦！"

二姑伸手拉她，哪里拉得住，萧红加速抢着又多捅了几下，手指一触到窗上，那纸窗就像小鼓似的，"嘭嘭"破了。破得越多，萧红越得意。

过后一天，萧红又向窗纸捅去，手指突然感到一阵痛，痛得好厉害，大声叫起来。原来是祖母看她不听话，用针教训她。

到了五岁，萧红可以一个人自己玩了。张家大院，萧红祖父母住西屋，萧红跟父母住东屋。都是青砖墙，玻璃格窗子，瓦顶房。祖母的屋里老东西最多，萧红最喜欢过来玩。外间屋里摆着大躺箱、长条桌、太师椅。椅子上铺着红椅垫，躺箱上摆着朱砂瓶，长条桌上列着座钟。钟的两边站着帽筒，帽筒上并不戴帽子，而是插着几根长长的孔雀翎。萧红特喜欢孔雀翎，它上面长着一只只金色的大眼睛，让她总想伸手摸摸。

祖母躺箱上摆的那个座钟也稀奇，上面画着一个穿古装的大姑娘，好像活的，萧红觉得十分奇怪的是，每当她到祖母屋去，只要旁边没有人，她总用眼睛瞪她。她想不通这是为什么，几次问祖父，祖父总说那是画，不会瞪人。萧红不相信，一个人又跑去看。她还是瞪她，眼睛还转！萧红想不通，祖父为什么要说不会瞪人呢？

祖母的大躺箱上尽雕着小人，尽是穿古装衣裳的，宽衣大袖，还戴着顶子，插着翎子。满箱子都刻着，大概有二三十个人，有喝酒的、吃饭的，还有作揖的……萧红不光看，还想用手摸。可是离得还很远，祖母就喊起来了：

"可不许动手呀，你的手脏。"

或者吓唬她：

"快别动，动一动，拿刀剁手！"

萧红望着祖母把手缩回，可是强烈的好奇心驱使她总想走过去，趁祖母不在，偏要摸一摸，再摸一摸。

祖母的屋里好像还有很多别的，但萧红觉得最好玩的，好像就这些了。

母亲的屋里，上面说的这些古怪的玩意没有，有的都是些普通的描金柜，也有帽筒花瓶之类，都不好玩。

家里还有一个好玩的地方，那就是储藏室，祖母一间，母亲一间，萧红常常一个人钻进去。

萧红第一次是跟着母亲进去的。母亲端着灯，这里照照，那里照照，找了一把尺。萧红记住了这间屋，之后就一个人摸进来。萧红进门后，"吱咯"一声，门在身后合上了，整个黑乎乎的，吓得她差点哭起来。屋子是有窗的，被乱七八糟的东西挡住了，只有一丝丝亮光透进来。里面有坛子罐子，筐子篓子。除了自家的，还有别人寄存的。耗子不时"吱吱"叫。满屋子土尘味、霉味、药水味，可萧红喜欢这储藏室。她随便打开一只箱子，里边一定有一些好看的东西，花丝线、各种颜色的绸条、香荷包、搭腰、裤子、马蹄袖、绣花的领子。古色古香，颜色都配得很好看。箱子里边也常常有蓝翠的戒指，萧红看见，总要戴上一个。太大，在食指上转，换戴到大拇指上，还转。

还有些带抽屉的桌子，抽屉一打开，那里更有些好玩的东西，铜环、木刀、竹尺、观音粉。这些都是萧红在别的地方没有看过的。于是左手拿着木头刀，右手拿着观音粉，这里砍一下，那里画一下，桌子凳子柜子都被她砍过了，画过了。

一天，萧红找到一把小锯，她很卖力地用这小锯毁坏东西，在椅子腿上锯一锯，在炕沿上锯一锯。她自己玩的一把小木刀也锯坏了。无论吃饭睡觉，萧红都把锯子带在身边。吃饭的时候，她就用小锯锯馒头，睡觉的时候，她在梦里喊："我的小锯哪里去了？"

有一次，萧红从一堆杂物里翻出一只小灯笼，抱到光亮的地方用手扒，是玻璃的，红玻璃。手上尽是灰，越扒越脏。她觉得好玩，去找祖父。祖父给她擦干净，点上蜡烛，萧红高兴得打着灯笼满屋跑，跑了好几天，一直到把这灯笼打碎了才算完。

还有一次，萧红翻到一包染料，她往指甲上一染，指甲绿了，往胳膊上一染，胳膊上长出一张树叶！

　　就这样，张家大院里奶奶和母亲的房间、堆放杂物的库房成了幼时萧红猎奇探险的地方，这里各种各样的东西增加了她的见识，满足了她的好奇，也培养了她对未知世界大胆探寻的能力。

这样的父亲

1

　　对萧红童年时代父女的关系曾作过玄想。萧红是个重感
情的人，她的一生无时无刻不渴望爱。萧红最初应该是爱父
亲的，她渴望父亲跟她在一起，陪她说话，跟她玩。她羡慕
人家小姑娘骑在父亲脖子上，举个花灯，东街西街地转；她
渴望父亲从外面回来时将她一抱，剥一粒甜甜的糖送到她嘴
里；她渴望父亲在家时脸像向日葵似的总带着灿烂的笑，说
话像流泉一样欢快，而不是总板着一副面孔……可萧红得到
的却截然相反。父亲总在外地工作，好不容易回来一趟，却
难得露出一点笑容，更不要说带什么好吃的了；吃过饭，父
亲就跟母亲进里屋说话，商量家里的事情，萧红想靠近又靠

近不了，只能巴着门缝偷偷往里瞧。萧红只觉得她在那里跟不存在似的，在父亲眼中不如一只猫，一只小蚂蚁。萧红委屈得只想哭。可父亲晓得这些吗？他不晓得。

四岁的一天，萧红正在外面玩，突然家里人叫起来，说父亲回来了，要她回屋去。萧红没有听，继续捉蜻蜓。蜻蜓歇在篱笆上呢，萧红蹑着脚，两只手指轻轻地往前移，轻轻地往前移，一下捏住蜻蜓的尾巴。这方法是祖父教给她的，管用。

奶奶过来叫了：

"别瞎皮了，快回屋去，你爸爸回来了。"

奶奶见她还捉蜻蜓，就过来扯她。

"呀，你这手上咋这么脏，快洗洗去！"

奶奶替她把手洗过，领着去见父亲。进了屋，萧红看到一个人跟祖父坐得面对面，妈妈打横坐在旁边。萧红再看了看才认出，那个人是父亲。萧红发现，刚才她提着脚跨门槛的时候父亲一动不动地望着她。父亲不说话，脸上像后园落在草丛里的石板一样，没有一点表情。奶奶叫萧红：

"叫爸爸呀，怎么站着发呆呀？"

萧红没有叫，一动不动望着父亲。

妈妈对萧红说：

"到爸爸跟前去，让爸爸抱抱。"

萧红不到跟前去，还是望着父亲不动。妈妈不再说什么，上前把萧红抱起，走过去，放到父亲腿上。父亲说：

"这是个野孩子，身上咋这么脏？"

萧红不习惯在父亲腿上坐，扭呀扭地就下来了。父亲望着她，摆摆手：

"好了，去吧去吧。"

这虽是一段虚拟的情景，但应该接近原真。萧红的父亲当时在汤原县任职，交通不便，与家人离多聚少，难得回家一趟，萧红自然也就与他生疏。但萧红是父亲的第一个孩子，他对自己的骨肉也不是没有一些温情。萧红有一盒识字的纸块，是父亲买的。父亲只是没有教她，买回来后交给妈妈就完事了。萧红对这一盒识字块还是很喜欢的，那上面有各种各样的画：人，手，树，云，花，草，刀，尺……花花绿绿，挺好看！只是玩着这些纸块，萧红并没想到这是父亲买的。想不到归想不到，这当中毕竟不乏一种父女间的温情。只是遗憾，这本来就存留不多的温情，竟被后来若干不愉快的事冲淡了，越冲越淡，到最后简直留不下什么痕迹。

萧红九岁时，妈妈生病死了，父亲不久又给她找了个新妈。新妈对萧红倒是挺关心，可父亲变了，他不光比原先生疏，而且有些可怕。一天，萧红写过大字把毛笔误放进一只杯里，杯里有水，水立刻黑了。她把笔提出，在纸上画，画一棵草，画一朵花。纸上画满了，画得乱七八糟，就把它们推开。"乓当——！"杯子翻掉了，在桌上滚了两滚，落到地上，桌面上是一条奔腾不息的黑水河。再看看地上，杯子破掉了，那只手把断成几截。这杯子是父亲的。妈妈去世后，父亲就不到汤原去了，天天晚上在家，萧红看他端着它喝过茶。这杯子怎么跑到这里来了？萧红不知道。杯子打碎的事，父亲当晚知道后立刻发了火，对萧红骂，骂得很厉害，眼睛从镜片上面瞪着，脸绷得像一面鼓。萧红站在父亲面前挨着骂，像被寒风一阵阵吹打，身子禁不住发抖。这之后一连好几天，萧红觉得父亲看她的目光也转了弯，每从他的身边经过，她的身上就像针扎一样。父亲坐在那里，不拿正眼看她，只是斜视着，那高傲的眼光从鼻梁经过嘴角，往下流着。

孩子的成长需要一片天空，在这天空中，父亲是一轮太阳，母亲则是月亮。萧红的天空没有太阳，只有阴霾。在她的心灵深处，父亲一直是她的暗伤。萧红的写作生涯中，当她绕不过去不得不写到父亲时，笔下从来没有流淌出一种温情，好像都是一大堆贬抑讨伐之词。

过去的十年我是和父亲打斗着生活。在这期间我觉得人是残酷的东西。父亲对我是没有好面孔的，对于仆人也是没有好面孔的，他对于祖父也是没有好面孔的。因为仆人是穷人，祖父是老人，我是小孩子，所以我们这些完全没有保障的人就落到他的手里。后来我看到新娶来的母亲也落到他的手里，

他喜欢她的时候，便同她说笑，他恼怒时便骂她，
母亲渐渐也怕起父亲来。

（萧红《祖父死了时候》）

2

都说父亲是女儿前世的情人，女儿是父亲今生的爱，这就让人不免奇怪：这对父女的关系何以发展到这样？

先来看看父亲的简历。

张廷举，生于光绪十四年，卒于解放后的 1959 年，享年 71 岁。据铁峰所著的《萧红传》及《东昌张氏宗谱书》记载，张廷举三岁丧母，十二岁时因堂伯张维祯家中无子，被过继过来。他弟兄四个，排行老三，张维祯将他选中，便给他起名"选三"，意为选中的堂弟家的老三（从起名小事可看出，萧红的祖父张维祯颇具幽默感，是个性情中人）。张维祯的妻子范氏，精明强干，注重实际，张廷举过继过来后，她不主张他继续读书，要他在家学习经营，把农桑之事担负起来。张廷举不答应，执意要到当时的省城齐齐哈尔继续学习。张维祯觉得不能违背当初过继时对儿子的承诺，说服了范氏，亲自坐车将张廷举送到齐齐哈尔的学校。在校期间，他学习用功，成绩优异，21 岁毕业时，被授予师范科举人，还有从七品虚衔官职，被分配到黑龙江省汤原县任农业学堂教员、

劝业局劝业员。五四运动爆发后，新文化的浪潮虽到这里慢上两拍，但最终也冲击过来了，张廷举破旧立新，十分积极。旧时人家灶房里都供着灶王爷，两旁贴着"上天言好事，下界保平安"的对联，横批是"一家之主"，这是自古以来的规矩。张廷举回到呼兰老家，第一个对几千年的封建传统喊出了"不！"他不再供灶王，不再贴对联。由此可见，青春时代的他曾有过革命激情，曾高举过新文化的旗帜。后来他从汤原县调回呼兰，历任呼兰农工两级小学校长，呼兰义务教育委员会委员长，呼兰县立通俗出版社社长，呼兰教育局局长，黑龙江省教育局秘书，巴彦县教育局督学兼清乡局助理员等职。

从张廷举的简历看，他受过五四新文化运动的洗礼，接受过传统的与现代的知识教育，跑过齐齐哈尔、哈尔滨等大码头，教过书，从过政，拥有知识，阅历丰富，应该算得上一个文明通达之人，可他在萧红的成长过程中，怎么会做出那么多让萧红不开心不愉快，以致伤心的事情呢？

其一，对萧红的冷淡。萧红是他的第一个孩子，唯一的女儿，不要说是"今世的情人"了，起码让他欢喜不尽才对，可他不是，他给萧红的记忆是"冷漠"。在家总绷着脸，好像天生没有笑神经似的。特别是萧红的生母去世后，这种冷漠更是加剧。

其二，对萧红的责骂。觉得萧红有野性，不听话，对她不满，做什么都看不惯，动不动就批评、教训，甚至骂，一骂起来就很厉害，竟骂到使她发抖的程度。

其三，不让萧红读书。1926年萧红高小毕业，父亲准备终止她的学业，认为一个女孩子识一些字就够了，关键是要早早嫁人，生儿育女，相夫教子。萧红不肯，一心要到哈尔滨读中学，与父亲发生冲突。后来经绝食等激烈斗争，好不容易才争取到机会。

其四，将追求爱情而触犯"天条"的萧红送到阿城县福昌号屯老家看禁，过了七个月类似于囚徒的生活。

其五，因萧红在小姑小婶的帮助下逃离乡下，后来又因为一些事情将她开除了"族籍"，并严禁萧红的弟弟张秀珂与萧红有任何联系。

…………

我们不由惊诧：这是为什么？

3

在书刊网络上，我曾看到过不止一张萧红父亲的照片。都是老照片，黑白，有些糊，但人的眉眼神情都还清晰。印象最深的有两张，一张是张抗提供的。光头，西装领带，衬衫的领子严整白洁，口袋露一角绢帕。这完全是一副新派人物的装束，但细看神色，好像新也新不到哪去。眉眼虽疏朗，但眼中有一丝方正，既受过深厚的旧学熏陶，又有一点新潮的气息；既有几分绅士的雍容，又暗藏着学究的执拗和迂阔。

另一张是王连喜提供的，时间是 1947 年，照片上不是萧红父亲一个人，而是与家人合影，他站在相对中间的位置，个子中等偏矮，长衫，谢顶，戴一副圆圆的老式眼

萧红父亲

1947 年 5 月 25 日，萧红的家人在后花园合影

镜，眼镜因反光，上面有一团淡淡的白，镜片后的眼睛微细。推算他的年龄，这时应该59岁了，眼力有些不济了。长衫可能是布的，颜色较浅，两手交叉搁在上腹。从照片上看，完全是个小老头的形象，身上明显带着岁月打磨的痕迹。将它与上一张近三十年前西装领带的照片放在一起你不难发现，时间虽有不小的跨度，但内里的迂阔与执拗是一脉相承的，就像深潜于地下的水脉，虽看不到，却一直汩汩不停地曲折流动。

迂阔与执拗，可能与他的经历和所受的教育有关，但迂阔与执拗就一定妨碍父爱吗？

不应该妨碍。

贾政的迂阔与执拗应该不在张廷举之下，可他的一颗父爱之心却能让读者热乎乎地感到。第十七回"大观园试才题对额"，宝玉作了几首诗，帮闲清客在旁一吹捧，贾政虽极力还在维持那副道学家的面孔，但嘴角之处其实已掩饰不住地显出一种得意，连走路的架势都有些变化了。第三十三回"不肖种种大承笞挞"，逆子之行令贾政恨则恨也，一副大板将宝玉的屁股打得鲜血淋漓，但这恨的背后，却是对儿子科举闻达、大有作为的殷殷期盼。

萧红的父亲却不是这样待萧红的。

祖母死的那天，萧红一个人躲在后园里玩。天突然下雨了，萧红准备进屋去拿草帽，走到酱缸旁边，看到雨点"啪啪"地打在酱缸帽子上，萧红就想，缸帽子该多大，遮起雨来比草帽一定更好，于是从缸上把它翻下来，钻到缸帽子下。缸帽子太大了，差不多和萧红一般高。她顶着它走了几步，觉得天昏地暗，自己到底走到哪里了，一点也不知道，只看到自己的脚和被雨打湿了的狗尾巴草及韭菜。走了一会，缸帽子太重，就蹲下来，缸帽子就成了个小房子扣在韭菜地上，头不再顶着疼了。萧红在这小房子里坐了一会，后来听到家里那边有吵哄哄的人声，就站起来顶着小房子往那边走。她想让祖父看看，看看她的小房子。萧红家后门槛特别高，缸帽子太重，萧红费了好半天劲，好不容易将脚迈进去，却又不知道祖父在哪，于是就大声喊祖父。可就在这时，父亲一脚把萧红踢翻了，差点没把她踢到灶口的火堆上去，缸帽子落到地上直滚……

父亲踢这一脚自然有十足的理由，一大家子聚在一起给祖母送终，她孩子家家的怎么不听话乱跑开去，还顶着这么个酱缸帽子来恶作剧？理由是充分，但反过来说，她毕竟孩子，贪玩是她的天性，她这么小，知道什么礼仪家法？不知道，就不能怪她，如此地一脚踢过去，过了。

朱自清的父亲与萧红的父亲基本属于同时代人，一样受过封建传统教育，家境虽有些差异，但基本接近。作为一位父亲，朱老先生是怎样对待自己孩子的呢？朱自清在他的《背影》里，有一大段专门记写父亲送他去车站的情景：

进了车站。我买票，他忙着照看行李。行李太多了，得向脚夫行些小费才可过去。他便又忙着和他们讲价钱。……终于讲定了价钱，就送我上车。他给我拣定了靠车门的一张椅子，我将他给我做的紫毛大衣铺好座位。他嘱我路上小心，夜里要警醒些，不要受凉，又嘱托茶房好好照应我。

…………

我说道："父亲，你走吧。"他往车外看了看说："我买几个橘子去。你就在此地，不要走动。"我看那边月台的栅栏外有几个卖东西的等着顾客。走到那边月台，须穿过铁道，须跳下去又爬上去。父亲是一个胖子，走过去自然要费事些。我本来要去的，他不肯，只好让他去。我看见他戴着黑布小帽，穿着黑布大马褂，深青布棉袍，蹒跚地走到铁道边，慢慢探身下去，尚不大难。可是他穿过铁道，要爬上那边月台，就不容易了。他用两手攀着上面，两脚再向上缩；他肥胖的身子向左微倾，显出努力的样子，这时我看见他的背影，我的泪很快地流下来了……过铁道时，他先将橘子散放在地上，自己慢慢爬下，再抱起橘子走。到这边时，我赶紧去搀他。他和我走到车上，将橘子一股脑儿放在我的皮大衣上。于是扑扑衣上的泥土，心里很轻松似的。过一会儿，说："我走了，到那边来信！"

（朱自清《背影》）

这是一个充满慈爱的父亲的形象，他那微微肥胖的身子，他那过铁道时慢慢爬下、再抱起橘子的动作，特别是他那留在朱自清脑海中的身着青布棉袍的背影，无不让你强烈感受到一股热乎乎的来自生命底里的自然而质朴的亲情与挚爱。生活在同一时代，作为女儿，萧红为什么不能得到如此的父爱呢？

4

除了情感上的疏离，在萧红眼中，父亲确实是存在一些问题的。

父亲常常为着贪婪而失掉人性。他对待仆人、对待自己的女儿，以及对待我的祖父都是同样的吝啬而疏远，甚至于无情。

有一次，为着房客租金的事情，父亲把房客的全套马车赶了过来。房客的家属们哭着诉说着，向我的祖父跪了下来，于是祖父把两匹棕色的马从车上解下来还了回去。

为着两匹马，父亲与祖父起着终夜的争吵。"两匹马，咱们是算不了什么的，穷人，这两匹马就是命根。"祖父这样说着，而父亲还是争吵。

（萧红《永久的憧憬和追求》）

在这里，萧红完全把父亲视作剥削阶级和黑暗势力的代表了，这又促使萧红在心理上与情感上将父亲推得更远更远。

1932年10月，萧红在哈尔滨街头流浪期间，曾意外碰到过父亲。我觉得，这是老天刻意安排的一场戏，是给他们重新书写历史与未来的一个机会。通常情况下，在这样的时刻，父亲可能先是气愤，接下来会忍不住一阵心酸，叫住女儿，要女儿跟着他回家。可他们不是这样。父亲先是惊愕，接着瞪着女儿，既没有叫她，也没有向她走去，始终只是瞪。萧红也看到了父亲，也是瞪着。目光作了短暂的对峙后，父亲扭头而去。很显然，父亲仍然恨着，丝毫也没有原谅女儿的意思。至于萧红，也没有对父亲暴戾的做法有一丝一毫的退让。于是父女对峙，目光像子弹一样洞穿了萧红的心，使她的伤口不停地疼痛、流血，一生一世不能愈合。

之后，热恋中的萧红曾向萧军打开了这一伤口，说着，哭着，哭得伤心欲绝，哭得昏天黑地。萧军安抚了半天，萧红心情仍难以平复，含泪讲述了自己对身世的猜想。她说："我一定不是现在的父亲亲生的，我真正的父亲是一个种田的农民，或者干别的什么粗活的穷人，一定是的！不然不会这样！"萧军擦拭着她的眼泪，要她不要乱想，可萧红觉得她的猜想没有错，因为她的脑海里经常有一幕浮现：家里的厨子笑着对她与弟弟秀珂说："你们姐俩苦命啊，没有亲妈，爹也不是亲爹。"萧红不止一次听到过这样的话，它深深地印入了脑海。

老厨子其实是开玩笑，萧红这么去猜想也难怪。如是亲生，怎么会出现这种目光的对峙？仇人般的目光对峙，这是一件惨烈的事，这世上没有一个人希望发生在自己身上，可萧红遇上了。

怪萧红？

怪父亲？

或得怪别的什么？

031

这样的父亲

5

父女之间的怨怼，大概没有一个人不希望化解，没有化解，并不是它坚如磐石化解不掉，而是还没有到达化解的时机。日本投降以后，萧红的胞弟张秀珂回到呼兰与家人相聚，此时父亲已年近花甲，萧红作为他唯一的女儿，离家十余年，

《呼兰河传》书影

四海漂泊，命殒天涯，可谓不幸之极。受到儿子归来的触动，他的内心深处是否涌出几缕思念？生出一阵伤感？答案应该是肯定的。他当日在自家门上撰了一副联，道的是："惜小女宣传革命南粤殁去；幸长男抗战胜利苏北归来。"横批是"革命家庭"四个大字。父子相聚的欢欣中，明显挟带着对亡故女儿的思念。父亲晚年，萧红的《呼兰河传》一版再版，躬腰驼背的老人拿着带着墨香的《呼兰河传》向乡人说："这是我闺女写的书，看看！"这是人性的觉醒，是水流千转归大海的一种必然。试想，如果萧红不至贫病交加，四海颠簸，一直健康地活着，这对父女，应该会"春风吹度玉门关"的吧？

我想是。

温暖的脊背

童年萧红与祖父玩耍的雕塑

1

在萧红故居的后花园里有一座雕塑：一位和蔼可亲的老人半蹲着，他一边拔草，一边微笑着回应着后面。后面是一个五六岁的小女孩，一脸的调皮样，用手紧紧地搂着老人的胳膊。

这件雕塑作品，表现的是萧红与她的祖父当年亲密无间的状态。

2

萧红在她的散文中说过，祖父是她生命中最重要的人。在《呼兰河传》里，萧红用了大量篇幅写到祖父，那些文字是丰厚的，有热度的，饱含深情的。

　　等我生来，第一给了祖父无限的欢喜，等我长大了，祖父非常地爱我。使我觉得在这世界上，有了祖父就够了，还怕什么呢？

（萧红《呼兰河传》）

萧红的童年是十分孤寂的。九岁生母去世，时隔不到一年，父亲又娶新妻。继母对萧红表面和气亲热，内心并无真爱，而父亲经常为一些小事责怪她，甚至骂她。弟弟比她小好多，作为龙种在家里备受宠爱，对比之下萧红受到了忽视，不可能开心；两个妹妹是继母所生，继母在衣服饭食的安排上尽管完全一样，但阳光雨露的播撒必定有着霄壤之别。在此情形之下，有一个人为她开启了一扇晴暖的天窗，不时让瓦蓝的天色、和煦的春风、金子似的阳光、沁人心脾的草香花香果子香流进来，飘起来，使她快活得像小神仙！这个无微不至关心着萧红、爱护着萧红，给萧红欢喜与快乐的人不是别人，就是她年事已高的祖父。

细究起来，萧红与她祖父走得特别近，特别亲，有着内在的机缘。他们一老一小在张家大院都时运不济，长期以来都没什么地位，一直被边缘化，缺乏话语权，属于不得志者之流。进入同一个营垒，是环境的推动，"惺惺惜惺惺"，一种历史的必然。

萧红的祖父张维祯娶的老婆范氏，比他大四岁。女孩本

萧红的祖父张维祯

比男孩早熟，再大四岁，这在最初婚后的生活中，不是姐带弟，简直有点母带子了。以张维祯平和散淡的心性推测，他在自己的这位不仅年长，而且各方面能力超强的妻子面前，是很乖巧的，很听话的。在一些重大家庭事务的决断上，当范氏一味坚持自己的观点时，对也好，不对也好，张维祯可能都是阿弥陀佛，一律服从。这种服从还不存在委屈，是合乎本性的，乐意的，发自内心的。老婆那么能干，把天都撑起来了，自己落得轻松，这不是一件很好的事吗？

　　除了本性散淡，张维祯还有一个毛病，不善理财。他兄弟几个最初分家时，他也得了一份，有田有地有房屋，在呼兰安下家。可他无心经营，不图发展，不善理财，使家一天一天败下来，以至范氏进场后，为挽住这股颓势倾尽了心力。祖上给你提供了挺好的条件，你开不了花，结不出果，起码守住呀，可你又守不住，靠一个女人勉力维持，靠一个过继过来的儿子支撑，身为掌门人的一家之长，其形象在传统色彩极浓的张氏家族里，就必然一定程度地黯弱下来。在萧红的父亲张廷举当家理事前，张家大院是个女权主义色彩很重的世界。首先，张维祯妻子范氏的精明强干，使她在这个家里的地位扶摇直上，这为女权主义奠定了坚实的基础。其后，范氏所生的四个孩子中，唯一的儿子不幸夭折，剩下的是清一色的娘子军，这就越发使这个大院阴盛阳衰，到处弥漫着一股阴柔的气息了。处于一枝独秀状态下的张维祯，加之上

温暖的脊背

述种种因素的联合作用，他在这所大院里不断地遭到边缘化，也就势在必然了。

　　祖父在家一天到晚闲着。最初可能也做过事，但因为做得不太合祖母的意，从此以后也就不再让他做了。萧红记忆中，祖父除了在后园里侍弄瓜果，在家做的唯一的事，就是擦拭放在祖母寿材上的那些锡器。寿材就是大棺材，是为活人准备着的。那些锡器是供奉先人装祭品用的。萧红一开始怕，不让祖父擦锡器。祖父不肯，大概是怕奶奶骂。奶奶老是嫌祖父擦得不够细，经常骂他"死脑瓜骨"，萧红要是在旁边，也被顺带着骂，"小死脑瓜骨！"祖父其实也不是擦不细，擦不干净，他大概是觉得这些东西放在那里反正用不到，擦了还会落灰，将来用的时候再擦也不迟，因此也就马马虎虎，不太用心。萧红站在旁边看到祖父挨骂，心里不平，什么话也不说，上去拉着祖父就走，硬把奶奶一个人撂在那里。

　　可见在这个家，萧红与她祖父属于弱势群体，一个是散淡无为贪图安逸不善理家的空头家长，一个是无法承担延续香火这一重任的丫头片子。他们都不被追捧，不被重视，处于边缘的位置。为了逃避家人的话语施暴，他们于是携起手来，一起躲入家中的后花园，沉湎到花草虫鸟的世界里去了。

3

在萧红的记忆中，祖父的眼睛总是笑盈盈的，祖父的笑，常常笑得和孩子似的。他是个长得很高的人，身体很健康，手里喜欢拿着个手杖。嘴上则不住抽着旱烟管。大人们觉得他无所事事，不善理财，那是他们认为，萧红可不管，萧红就是觉得祖父好。祖父特别富于爱心，处处疼惜着萧红。母亲在世时，父亲对萧红关心不够，母亲去世后，父亲对她更差了，有时甚至打她。萧红一旦挨父亲打，就跑到祖父房里，面向窗子站着。祖父这时总是把他布满皱纹的两手放在萧红肩上，而后又放在头上，温和地安慰她。

祖父对萧红的爱还表现在其他方面。

一次，一家人家淹死了一只小猪，祖父将它要了回来，用黄泥抹裹起来放在锅灶上烧，烧得哧哧直冒油，香味飘了一屋子。萧红那天吃烧小猪，吃得香极了，觉得长这么大也没吃过这么好吃的东西。过了不久，一只鸭子掉进井里，祖父把它捞上来，也用黄泥包起来，烧了给萧红吃。哪知，烧鸭子比烧小猪更好吃，它不肥，香！萧红吃，祖父坐在对面看，自己不吃。直到萧红吃过了，吃得剩下了，他才吃，边吃还边说："小孩子家牙齿小，要吃嫩的，祖父岁数大，牙结实，要吃老的。"萧红再大些了回忆起这事，心里想，祖父当时说这话是哄人呀。烧鸭子那么好吃，祖父一定也想吃，他不吃，是想让我多吃，一直到吃饱为止。他说他牙结实，是哄人，他牙都不全了，一扇大门被人偷去了，怎么叫结实呀？祖父都是为了我呀。

烧鸭子好吃上了瘾，萧红打这以后，常到井台旁找鸭子，鸭子来了，就张开两手在后面追，想让鸭子掉到井里淹死。鸭子淹死，不就可以让祖父用泥包裹着烧了吃吗？

萧红在《呼兰河传》里说："我生的时候，祖父已经六十多岁了。我长到四五岁，祖父就快七十了。"祖父尽管跟她相差一大把年纪，但他有一颗童心，一点不老，处处显得十分有趣，经常孩子似的让人欢喜。萧红清楚地记得，他遇到小孩子总喜欢跟人家开玩笑，说："你看天空飞个麻雀！"趁那孩子往天空一看，他就伸手把那孩子的帽子取下，或者放在长衫的下边，或者掖在袖口里头，对那孩子说："麻雀叼走了你的帽子！"孩子们都知道祖父这一手，就抱住他大腿，摸着他的袖管，扯他的衣襟，直到找到帽子为止。祖父在这逗着玩的过程中，被孩子们推推搡搡，一点不摆老人家的架子，跟孩子一样，一起笑，一起闹，萧红也跟着一起笑，一起闹！萧红觉得这就是好。萧红就贪这份热闹，这份亲热。大人是大人，但大人干吗一定要摆架子呢？祖父都是这么大的大人了，胡子一拃拃长了，都白了，也不摆一点点架子，爸爸你干吗总绷着那么一副脸，摆那么大的架子呢？萧红就是不喜欢那样！

清静无为，不善理财，散淡，善良，有童心，有爱心，这就是萧红的祖父。

一个人孩提时代最亲最近的人，比如母亲、父亲，对他的成长具有极大的影响力。萧红九岁丧母，父亲缺席，在这种情形下，祖父自然而然就浮出海面，耸为高山，成了她心灵与情感的支撑。他的意义不仅是一处港湾，更是冬日的一轮太阳，不断给萧红结有冰霜的心以温暖的照耀。祖父天性中所具有的那份善良、正直，像雨露一般，不断渗入萧红的心田，成为她的禀质。

4

萧红自小就是祖父的一条小尾巴。她记事比较早，印象中，三岁时就会走了，会跑了。走不动的时候，祖父就抱着她走；走得动，祖父就牵着她的小手走。走出家，走到院里，看天，看云变成大猴子，看大公鸡跟大母鸡打架。一天到晚，门里门外，寸步不离。

祖父到鸡架那里去放鸡，我也跟在那里。祖父到鸭架那里去放鸭，我也跟在后边。

我跟着祖父，大黄狗在后边跟着我。我跳着，大黄狗摇着尾巴。

大黄狗的头像盆那么大，又胖又圆，我总想要当一匹小马来骑它。祖父说骑不得。

但大黄狗是喜欢我的，我是爱大黄狗的。

鸡从架里出来了，鸭子从架里出来了，它们抖擞着毛，一出来就连跑带叫的，吵的声音很大。

祖父撒着通红的高粱米粒在地上，又撒着金黄的谷粒子在地上。

于是鸡啄食的声音，咯咯地响成群了。

（萧红《呼兰河传》）

童年的萧红跟祖父待得最多的地方，是张家后园，在大院的后面，很大的一片。

爷孙俩在屋里失去了自己的位置，就到后园里寻找。这里绝不是屋里那个狭窄的世界，天是那么高，用手够不着；地是那么广，想跑跑不到边，是一个亮堂堂的世界，让他们开心！萧红发现了这一点，天天拖着祖父往后园去。这里不只是有花，还有各种各样庄稼、瓜果、蔬菜，一年四季里随着节令的不同，会有蜂子、蝴蝶、蜻蜓、蚂蚱，各种各样飞的爬的虫子。还有各种各样的声音，蜜蜂嗡嗡的声音，小鸟叽叽喳喳的声音，风吹在叶子上的声音。还有各种各样的颜色，高粱缨子红的，番瓜花黄的，韭菜绿的，韭菜开的花白的，天瓦蓝瓦蓝的。阳光下的后花园，红的红，黄的黄，绿的绿，到处明晃晃的！

在这里，萧红还跟祖父一起做农夫。

> 祖父戴一个大草帽，我戴一个小草帽，祖父栽花，我就栽花；祖父拔草，我就拔草。当祖父下种，种小白菜的时候，我就跟在后边，把那下了种的土窝，用脚一个一个地溜平。那里会溜得准，东一脚地，西一脚地瞎闹。有的菜种不单没被土盖上，反而把菜子踢飞了。
>
> …………
>
> 祖父铲地，我也铲地。因为我太小，拿不动那锄头杆，祖父就把锄头杆拔下来，让我单拿着那个锄头的"头"来铲。其实那里是铲，也不过爬在地上，用锄头乱勾一阵就是了。
>
> （萧红《呼兰河传》）

祖父不仅带着她做活，还耐心地教她如何识别谷子跟狗尾巴草，告诉她，谷子是有芒刺的，狗尾巴草没有，只是毛嘟嘟的一根狗尾巴。

祖父虽然教我，我看了也并不细看，也不过马马虎虎承认下来就是了。一抬头看见了一个黄瓜长大了，就过去摘下来，我又去吃黄瓜去了。

黄瓜也许没有吃完，又看见了一个大蜻蜓从旁飞过，于是丢了黄瓜又去追蜻蜓去了……

玩腻了，又跑到祖父那里去乱闹一阵，祖父浇菜，我也抢过来浇，奇怪的就是并不往菜上浇，而是拿着水瓢，拼尽了力气，把水往天空里一扬，大喊着：

"下雨了，下雨了。"

（萧红《呼兰河传》）

在后园里，祖父戴着个大草帽在阳光下做活，萧红跟蜻蜓玩腻了，跟蚂蚱玩腻了，就转过来跟祖父玩。玩什么呢？转头看到玫瑰，就去摘玫瑰。

好不容易摘了一大堆，摘完了可又不知道做什么了。忽然异想天开，这花若给祖父戴起来该多好看。

祖父蹲在地上拔草，我就给他戴花。祖父只知道我是在捉弄他的帽子，而不知道我到底是在干什么。我把他的草帽插了一圈的花，红彤彤的二三十朵。我一边插着一边笑，当我听到祖父说：

"今年春天雨水大，咱们这棵玫瑰开得这么香。二里路也怕闻得到的。"

就把我笑得哆嗦起来，我几乎没有支持的能力再插上去。等我插完了，祖父还是安然的不晓得。他还照样地拔垄上的草。我跑得很远地站着，我不敢往祖父那边看，一看就想笑。所以我借机进屋去找一点吃的来，还没有等我回到园中，祖父也进屋来了。

那满头红彤彤的花朵，一进来祖母就看见了。她看见什么也没说，就大笑了起来。父亲母亲也笑了起来，而以我笑得最厉害，我在炕上打着滚笑。

（萧红《呼兰河传》）

祖父还是萧红的文学启蒙老师。他教她读诗、读古文，把小小年纪的她领进中国古典文学的殿堂，接受中国传统文化光辉的照耀，这为她后来走上文学道路做了重要的准备。

5

萧红在她生命历程中经历过三次亲人死亡，第一是祖母，第二是母亲，第三是祖父。祖母去世时，她年纪尚小，没有概念，依旧懵懂玩乐。母亲去世时九岁，从已有的文字记载中可以看出，伤痛是有的，但深不到哪儿去。倒是祖父的离去，让她碎心糜肝，伤痛欲绝。

祖父八十岁的时候身体变得不行了，经常生病，脑子也远没有以前好使。他经常流泪，过去很重要的事也忘记了。有一次病后，他对萧红说："给你三姑写封信，叫她来一趟，我有四年没看到她了。"可萧红的三姑已死去五年。

在祖父生命接近尾声的最后那段日子，萧红对祖父特别挂念。一段日子萧红刚好放假在家，整日陪在祖父身边。可是不久学校开学了，她该返校了，萧红为了照顾祖父，在家硬是又拖了几天。临走前一天，萧红一直坐在祖父床边。后来祖父睡着了，萧红就趴在旁边哭，好像祖父死去了似的，一面哭着一面抬头看他凹陷的嘴唇。萧红当时只觉得，祖父要是死了，她生命中就失去了一个最重要的人，这人世间的一切"爱"与"温暖"就被带走了，一切变得空空荡荡。萧红想起父亲打她的时候，是祖父安慰她："好了好了，不哭了。"把一只橘子放在她手里："去吧，到院里玩去吧。"萧红想起冬日的夜里不敢上茅厕，继母不肯陪她，父亲骂她胆小，祖父也已经睡下了。是祖父从床上爬起，赤着脚，掩着棉被的襟，跟她到外面茅厕去。

三月里，萧红从学校回来看祖父。一进大门，她就远远地注视着祖父住的那间屋。当她看到祖父的面孔和胡子闪现在玻璃上，她笑了，一蹦一跳地进了屋。可是，当看到祖父的脸色更加惨白时，她高兴不起来了，心酸了。等到屋里没人了，祖父流下了眼泪。他用袖口擦拭着眼睛，抖着胡子说："祖父不行了，不知早晚……前些日子好险没跌……跌死。"萧红问怎么跌的，祖父说："就是到后屋，想解手，招呼人，也听不见，按电铃也没有人来，就得自己爬啦。还没有到门口，腿颤，心跳，眼前一花，就倒下了。没跌断了腰……人老了，有什么用处。"萧红听了很难过，跟着祖父流泪。

萧红走的那天也和回来的那天一样，祖父白色的脸的轮廓和那撮胡子在窗户玻璃上一闪一闪。

萧红走到院心，回头看着祖父的脸，走到大门口，又回过头，祖父的脸还可以看到。出了大门，就被门扇遮住了。

没想到，这一回便是萧红与祖父的永别。

萧红再一次回来，门前吹着喇叭，空中飘着白幡，灵棚搭起来了，院里尽是乱乱的人，整个是一番办丧事的大排场。

这回祖父不坐在玻璃窗里，是睡在堂屋的板床上。萧红想看一看他的脸，看一看他的白胡子，可是看不到了！拿开脸上蒙着的纸，胡子、眼睛、嘴，都不会动了。萧红从祖父袖管里摸他的手，祖父的手凉凉的，没有一点感觉了。祖父这回真的死去了啊！

祖父装进棺材去的那天早晨，正是后园里玫瑰花开满树的时候。萧红扯着祖父的被子的一角，随着大人抬向灵柩。

吹鼓手死命地吹响大喇叭。萧红忍不住"哇"地哭起来。

这天吃饭的时候，萧红喝了酒，用祖父的酒杯喝的酒。酒后，她跑到后园玫瑰树下扑倒。园中飞着蝴蝶和蜜蜂，绿草散发着清凉的气息，这都和十年前一样。可是十年前死了母亲，萧红仍在园中扑蝴蝶；这回祖父死去，萧红却喝酒了。

6

祖父是萧红生命中最重要的人，她跟祖父学做人，学农活，学诗歌，学古文，学看天气，学辨植物。他是她人生中最重要的一位启蒙老师，是她精神上的领航人。祖父对萧红的爱，长久驻留在萧红的心中，它像一团火，永远温暖着她那颗冰冷的心。萧红在她后来四处漂泊的日子里，对故乡的回望，对亲人深情的怀念，很大程度上都是因为祖父。正是因为祖父的爱，使得萧红后来精神一时沉沦，才有了向上攀登的力量与勇气。祖父冬日太阳一般的爱心，给了萧红的灵魂以晶莹白洁的底色，从而成为一名优秀的作家，为世界呈献出虽为数不多，但超尘绝俗的佳作。也正是祖父的爱，才使她这棵并不粗壮的生命之树，保持正直傲岸的品性，筋脉中充盈着人性的汁液，受伤的枝条上不时绽放出健康洁净的绿叶。

可是，祖父走了。

祖父这一走，故乡那片本来就不够蓝、不够亮的天空，从此就越发黯淡下来，灰蒙蒙的有些雨意了。

朝向基层的草根情怀

　　这世界上穷人总比富人多，富人永远只是凤毛麟角，萧红生活的那个年代应该更是这样。呼兰是个小城，萧红的家在这个小城里很显然是属于金贵的富人一撮。贫富生活的最直接的差别是在"吃穿"二字上。作为乡绅富家小姐的萧红，当年一日三餐吃的什么，我们无从细致了解，但萧红《呼兰河中》的一段文字，却给我们提供了想象的天地。这段文字说，小的时候，萧红常从家里偷一些鸡蛋、馒头、油饼之类给邻家的孩子吃。于是我想，这些邻居一定都是穷人，他们的孩子在家应该是没有鸡蛋、油饼吃的，馒头之类，只偶尔有之，平常日子，粗瓷碗里的粥汤一定都能照见人影。衣服一定都是破旧的，所谓"新老大，旧老二，补补衲衲给老三，钉钉挂挂给老四"，就是他们的写照。萧红跟这些可是风马牛不相及了，她的身上一定是光鲜的，周周整整，有模有样。

看过一张萧红十岁左右的照片，黑白，三个女孩，另两个是继母梁亚兰的妹妹。细琢磨这张照片很有意思。萧红继母的两个妹妹竟与萧红年龄相仿，一般高矮。更有意思的是，她们穿着相似，都戴着帽子，手插在衣袋，腰板挺着，小小的年纪，摆出的是一副高高在上的架势，有点让人忍俊不禁。三人当中，萧红立在最右边。她的身上是一件长长的棉袍子，长至脚踝，棉袍子的料子应该很好，是绫罗绸缎里的那一种。上面应该有细碎的花，从照片上看，是浅淡的一类，比较雅致。最值得说的是头上的帽子，三个女孩都戴，帽子都是同一个式样，一边安着一个球形的装饰，是什么貂子的，狐皮的，抑或狗皮的，不能确定，但应该很高档，很讲究，新近

1926年，萧红（右）与继母梁亚兰的妹妹梁静芝（中）、梁玉芝（左）

从店里买的，属于很新潮的那一类。

够了，从这里我们大致可以看出萧红当年的生活状态了。想象中，她从家里出来，走到街上，走进那些穷人住的巷子里，与那些破衣烂裳的穷孩子在一起，给人的感觉应该是"鹤立鸡群"。可这只鹤并不把自己当鹤，她自小喜欢与穷孩子为伍，一道游戏，一道说笑，把家里偷出来的好吃的分给他们吃。屡屡这么做总会败露，于是萧红招来了母亲的责骂。

有二伯快六十岁了，是张家大院里的元老，过的却一直是下人的日子。他戴的那顶草帽没有边沿，只有一个帽顶。草帽一摘下来你立刻会发现，他上半个脑门是白的，以那齐斩斩的一圈白为界限，下面全黑了，焦焦的黑。萧红看到有二伯这颗阴阳头就笑，觉得他像后园里的倭瓜，晒着太阳的那一半是绿的，背着阴的那一半是白的。

有二伯虽然穷，在张家大院里是一条狗，但萧红喜欢他，跟他亲近。有二伯带她到公园玩，萧红看到有卖油炸糕的，卖油炸饼的，卖豆腐花的，想吃，有二伯就发急："吃什么吃，快走吧！"到了跑马戏的跟前，萧红见那里有唱的，有跳的，十分热闹，想进去看，有二伯拖着她直走，嘴里说："没有什么好看的……"停了停又说："你二伯不看这个……"停了停又说："回家吃饭去！"最后发火了："看什么看，再闹我打你！"到最后他才说："你二伯也想看呢，好看的有谁不想看？你二伯口袋里没有钱……"把口袋翻过来给萧红看，眼珠白搭白搭地翻着萧红。萧红这才明白，有二伯原来很穷，很可怜，心里不仅不再怪他，相反有了同情。

有一天，萧红看到父亲打有二伯。父亲是三十多岁的人，有二伯快六十岁了，他怎么可以打他呢？难道有二伯做错了什么，就可以打了吗？父亲打得很重，他把有二伯打倒下去了，起不来了。萧红一直远远地站着看，她看到有二伯躺在院子里，鼻子在流血，嘴在流血。萧红很气愤，暗暗瞪着父亲。父亲走后，萧红立刻赶到有二伯身边，用纸头给他擦血。

张家大院的西屋里住着一些穷人，有养猪的，开粉房的，拉磨的，赶车的。老胡家是赶车的，就住在西边那一溜边的土屋里。一日萧红听人说，老胡家来了个童养媳，叫小团圆媳妇，就要拖祖父去看。祖父说吃过饭去，可祖父饭总是吃不完，从来没有过地吃得那么慢，萧红就急。终于祖父丢碗了，萧红等不及祖父吸一锅子烟，拖着祖父就去老胡家。

屋里全是人，母亲、周三奶奶，还有些认识的人都在。萧红看到小团圆媳妇了，头发又黑又长，梳着很大的辫子，普通姑娘的辫子都是到腰间那么长，她的快到膝盖了。脸长得黑乎乎的，见人并不害羞，笑呵呵的。

这之后，这个小小的童养媳天天牵着马到井边上饮水，萧红就走过去望她。萧红望她笑笑，她也望萧红笑笑。萧红问：

"你十几岁啦？"

小团圆媳妇答：

"十二。"

萧红说：

"不对吧，我听人说，你十四。"

小团圆媳妇说：

"他们看我长得高，说十二岁怕人家笑话，让我说十四的。"

萧红不知道，为什么长得高会让人家笑话，萧红问：

"你跟我一起到后园里玩好吧，那里有各色各样的蝴蝶，黄翅膀的、蓝翅膀的、灰翅膀的，还有蜻蜓。"

小团圆媳妇低下头说：

"我不去，他们不让。"

之后，小团圆媳妇经常在家挨打。萧红想，为什么事挨打呀？她没有跟我到后园去玩呀。萧红经常站到院里眼睛盯着西边那排屋看，耳朵朝着那边听。小团圆媳妇是三天两头挨着打，哭声很大，一边哭，一边叫。萧红一听到那哭声就静下来，不再玩，不再说话，出神地听。那段日子，萧红总觉得大院里有哭声，特别到了晚上，到了夜里，到了月亮升起来的时候，那哭声浮在月光里，浮在夜空中，让萧红身上冷，睡不着。有一天夜里，萧红睡梦中突然惊醒，问祖父：

"小团圆媳妇又挨打了吗？"

祖父告诉她没有，这是下半夜了。

萧红不信，说：

"没挨打，我怎听到她哭？"

第二天，萧红拖着祖父去看小团圆媳妇。小团圆媳妇脸瘦了，有些黄，见了萧红偷偷笑了笑。她还给祖父装了一袋烟。

不久，小团圆媳妇病了。小团圆媳妇病得不轻，老胡家并不给她请大夫，到后来拖不下去了，找来跳神的，再又找来什么云游真人。一会说她是狐仙，一会说她是妖怪，施各种法术，把她抬到滚热的水缸里，她被烫得又哭又喊，身上红通通的，最后被折磨死了。

小团圆媳妇下葬的时候，萧红要跟着去，家里不让。萧红待在家里，心里一直在想那边下葬的情形。家里是派有二伯去的，有二伯回来了，萧红跟过去打听，小团园媳妇埋下啦？也有一堆土？

张家大院的磨房里住着个穷汉冯歪嘴子。冯歪嘴子打着梆子卖些黏糕。萧红有时跑到磨房里，看冯歪嘴子做黏糕。做黏糕需要很大的一口锅，里边烧着开水，锅口上坐着帘子。冯歪嘴子把碾碎了的黄米粉撒在这帘子上，撒一层粉，撒一层豆。满屋子热气蒸腾，经常只听到烧柴烧得噼里啪啦响，锅里水咕嘟嘟翻滚，却看不见人。

有一次雪天，冯歪嘴子好不容易讨了一个女人，可是苦于没地方住，来找萧红的祖父。萧红当时正跟祖父在一起。

冯歪嘴子向萧红的祖父结结巴巴地说了自己的情况，眼泪流下来，恳求道："请老太爷帮帮忙，现下他们就在磨房里呢！他们没有地方住。"萧红之前到那磨房里玩，看到有一个女人跟一个裹在褯褓里的小孩，冻得抖抖的，就在旁边插嘴："祖父，那磨房里冷呢，炕沿上的瓦盆都冻裂了，你就答应他吧！"祖父想了一下，目光柔和地望着冯歪嘴子，答应他，让他搬到磨房南头一间库房里住。祖父为什么要想一下呢？萧红当时不可能理解，长大了之后才慢慢明白，冯歪嘴子跟那个女人，不是明媒正娶，街上人是不认的，祖父让他们住，是要承受一番街谈巷议的压力的。

　　萧红自小就有的这种倾向下层穷苦者的草根情怀从何而来？是缘于儿童天性的本真善良，还是祖父的熏陶教化？可能都有些。萧红从小就不娇气，城里富家的孩子上学，都有马车接送，她不要。干吗要坐马车上学？跑跑挺好！她也娇气不起来，生来是个让家人失望的赔钱货，母亲又去世，继母充其量对她假客气，父亲不对她摆一张冷脸就万岁了，她能指望什么？一颗幼小的心在这家里感受到的总是凉薄。于是除了跟祖父在一起外，就自然而然跑到了外面。外面的人们虽然穷苦，但不乏人性的微光，有打开心胸的坦诚，相携相帮的热度。萧红先是远远地看着，然后走过去，走到里面，在感受到生活艰难与折磨的同时，那些微光与热度也给她慰藉与欢喜。这些与饭香衣暖的家里大相径庭的另一个世界，在扩大她的认知范围外，又使她禀质里添加了一种富家子女所稀缺的元素。这元素非常珍贵：第一，它使她在以后的日子里经得住冰雪一般不时直逼而来的贫穷与寒冷；第二，使她在创作惊世之作《呼兰河传》时，更大程度地贴近小草，贴近大地，贴近人性！

朝向基层的草根情怀

与大自然亲切对话

萧红的童年有两位老师，一位是她的祖父，一位是大自然。

萧红的祖父是个热爱自然的人，他带着萧红在后园中莳花弄草的同时，自然而然把萧红领进了自然之门，让她从此拜在了这位大师的门下。

萧红的童年是孤独寂寞的，这给萧红造成了一定伤害，但同时也成了推动她走向自然、亲近自然、感受自然、热爱自然的动力。

父亲没有好脸色给她，她就跟祖父到后园里，看花、看草、看蝴蝶。花的颜色比人的脸色好看，蝴蝶的翅膀比人的衣服好看，草是绿汪汪的，这种绿，让人心里多爽呀。为什么一定要看他们呢？弟弟妹妹太小，玩不到一块。不玩就不玩，走出门去，走进后园，好玩的东西多的是！

看看，张家大院里的后园，在萧红的心中有多美好——

　　太阳在园子里是特大的，天空是特别高的。太阳的光芒四射，亮得使人睁不开眼睛，亮得蚯蚓不敢钻出地面来，蝙蝠不敢从什么黑暗的地方飞出来。是凡在太阳下的，都是健康的、漂亮的，拍一拍连大树都会发响的，叫一叫就是站在对面的土墙都会回答似的。

　　花开了，就像花睡醒了似的。鸟飞了，就像鸟上天了似的。虫子叫了，就像虫子在说话似的。一切都活了。都有无限的本领，要做什么，就做什么。要怎么样，就怎么样。都是自由的。倭瓜愿意爬上架就爬上架，愿意爬上房就爬上房。黄瓜愿意开一个谎花，就开一个谎花，愿意结一个黄瓜，就结一个黄瓜。若都不愿意，就是一个黄瓜也不结，一朵花也不开，也没有人问它。玉米愿意长多高就长多高，它若愿意长上天去，也没有人管。蝴蝶随意地飞，一会从墙头上飞来一对黄蝴蝶，一会又从墙头上飞走了一个白蝴蝶。它们是从谁家来的，又飞到谁家去？太阳也不知道这个。

（萧红《呼兰河传》）

这是少女萧红在自然怀抱中的感受。一切都是自由的，欢畅的，无拘无束的。她走进自然的同时，自然也走进了她。亲切地面对、凝望、欣赏，像女孩跟女孩抵膝交流，耳畔悄语。一种自由祥和的气息弥漫了天空。灵性得到张扬，灵感得以发挥，人与自然融通合一，光鲜可爱，人在这时飞升到了一种仙界。可以肯定地说，萧红在这种与自然的亲切相对中，如甘如饴，满心欢快，沉醉不已。大自然自由奔放的气息深入到她的内心，使她性格中率真、任性、热爱自由的天性受到了鼓舞，从而进一步蓬蓬勃勃生长。

大自然是常翻常新的魔方，它给少女萧红以经久不歇的诱惑，让她不断地去观察、询问、惊叹、发现、欢喜。

假若是个晴好的夜，我就单独留在草丛里边，那里有闪光的甲虫，有虫子低微的吟鸣，有蒿草摇着的夜影。

有时候我竟压倒了蒿草，躺在上面。我爱那天空，我爱那星子……

（萧红《家族以外的人》）

白天玩不够，继之以夜。仰头睡在散发着清香的蒿草上，听听虫鸣，看看云影，数数星星，想一想从祖父那里听来的仙人的故事，萧红觉得身心多舒畅啊，多快乐呀。

对生长着的庄稼，她也有滋有味地细细加以观察：

> 玉蜀黍的缨子刚刚才出缨，就各色不同，好比
> 女人绣花的丝线夹子打开了，红的绿的，深的浅的，
> 干净得过分了，简直不知道它为什么那样干净，不
> 知怎样它才那样干净的，不知怎样它才做到那样的，
> 或者说它是刚刚用水洗过，或者说它是用膏油涂过。
> 但是又都不像，那简直是干净得连手都没有上过。
>
> （萧红《后花园》）

就性格构成来看，萧红是既静又动，所谓"静如处子，动如脱兔"。静，使她沉潜于一件事，能往深处走，往最底部走，别人停下了，她不停，一直走到底，走到别人没有到过的地方。此外，长时间与大自然为伍、为伴，静观默察，品读体悟，会去除一个人的浮躁，养成静气与耐心，最终形成一种独特而敏锐的观察力。

> 我家的后园四周的墙根上，都种着倭瓜、西葫
> 芦或是黄瓜等类会爬蔓子的植物；倭瓜爬上墙头了，
> 在墙头上开起花来了，有的竟越过了高墙爬到街上
> 去，向着大街开了一朵火黄的黄花。
> ……黄瓜的小细蔓，细得像银丝似的，太阳一

来了的时候，那小细蔓闪光湛亮，那蔓梢干净得好像用黄蜡抽成的丝子，一棵黄瓜秧上伸出来无数的这样的丝子。丝蔓的尖顶每棵都是掉转头来向回卷曲着，好像是说它们虽然勇敢，大树，野草，墙头，窗棂，到处地乱爬，但到底它们也怀着恐惧的心理。

　　太阳一出来了，那些在夜里冷清清的丝蔓，一变而为温暖了。于是它们向前发展的速率更快了，好像眼看着那丝蔓就长了，就向前跑去了。因为种在磨房窗根下的黄瓜秧，一天爬上了窗台，两天爬上了窗棂，等到第三天就在窗棂上开花了。

　　　　　　　　　　　　（萧红《呼兰河传》）

　　"夏云多奇峰"，到了夏日，有点浪漫情思的人都爱看云。我们来看看，萧红小时候看云时，小小脑袋里都想到了些什么？

　　吃过了晚饭，看晚霞的看晚霞，不看晚霞的躺到炕上去睡觉的也有。

　　这地方的晚霞是很好看的，有一个土名，叫火烧云。说"晚霞"人们不懂，若一说"火烧云"，就连三岁的孩子也会呀呀地往西天空里指给你看。

　　晚饭一过，火烧云就上来了，照得小孩子的脸是红的，把大白狗变成红色的狗了，红公鸡就变成金的了，黑母鸡变成紫檀色的了。喂猪的老头子，往墙根上靠，他笑盈盈地看着他的两匹小白猪，变成小金猪了，他刚想说：

"他妈的，你们也变了……"

他的旁边走来了一个乘凉的人，那人说：

"你老人家必高寿，你老是金胡子了。"

天空的云，从西边一直烧到东边，红堂堂的，好像是天着了火。

这地方的火烧云变化极多，一会儿红堂堂的了，一会金洞洞的了，一会半紫半黄的，一会半灰半百合色。葡萄灰、大黄梨、紫茄子，这些颜色天空上边都有。还有些说也说不出来的，见也未曾见过的，诸多种的颜色。

五秒钟之内，天空里有一匹马，马头向南，马尾向西，那马是跪着的，像是在等着有人骑到它的背上，它才站起来的。再过一秒钟，没有什么变化。再过两三秒钟，那匹马加大了，马腿也伸开了，马脖子也长了，但是一条马尾巴却不见了。

看的人，正在寻找马尾巴的时候，那马就变没了。

忽然又来了一条大狗，这条狗十分凶猛，它在

前边跑着，它的后面似乎还跟了好几条小狗仔。跑
着跑着，小狗就不知跑到那里去了，大狗也不见了。

（萧红《呼兰河传》）

这种想象超尘绝俗，奇特至极，让人叫绝！

郭玉斌先生在《萧红评传》里说："大自然的陶冶、教
化，让萧红比一般的孩子少一些世俗的浸染，更多保持童心
的本真，也就对童年生活有更深刻持久的印象和记忆。萧红
后来写出那么多以童年生活为题材或以儿童视角切入的作品，
与此关系甚大。与大自然的接触，使萧红敏于感知、富于情
感、长于想象。这还培养了她的文学爱好，甚至对她作品富
有诗的意境、明丽的色调等都大有好处。与大自然的接触，
使萧红热爱大自然，也让她日后的文学作品在文体风格上最
大限度地贴近自然、师法自然，这使她的作品显得无拘无束、
随心所欲，如行云流水，舒卷自如，没有给人一种精心构思
的痕迹。"

远方的呼唤

　　大约五岁的时候，一天，萧红的妈妈带萧红上街买了一只花皮球。萧红好喜欢！花皮球好大，萧红要用两只手才能把它捧住。上面有红的道道，绿的道道，黄的道道。连着几天，萧红玩花皮球。在地上滚，它跑得快，萧红追不上。萧红一开始不知道拍，后来知道了，可拍它的时候它不听话，会从手里跑掉，在地上滚，你越追，它跑得越快，跑呀跑的，还拐个弯。到后来，萧红把花皮球捧出门玩。玩了两次，没有了。

　　花皮球是妈妈在街上买的，如今丢掉了，萧红想自己去买。这一天，萧红上了街。

　　这是个晴朗的夏日，天气很热，萧红也还知道防晒，拿了个草帽戴在头上。草帽太大，是大人戴的，放在头上打转，萧红用手扯着带子。

那家卖皮球的铺子萧红跟母亲去过，在哪个方向，她觉得自己记得的。萧红这是第一次一个人上街，以前上街都有大人抱着，或牵着手。一个人走，萧红并不怕。她要花皮球，她要到那有花皮球的铺子里去。

　　刚从家里出来时，萧红心里还非常清楚，能够辨得出方向，知道是向北走，过了一会儿，不对了，本来在头顶上的太阳找不到了。一些店铺的招牌都变成一个样子的，街上的行人好像每个都在朝她撞过来，就连马车也好像是旋转起来了。萧红也不怕，仍然往前走。

　　她要花皮球，她要到那铺子里去。

　　后来实在走不动了，两条小腿不那么听话了，才想到母亲，想到祖父，想到家。

　　这是萧红第一次离家。

　　为了一只花皮球，为了一个孩子的梦，她在本该牵着母亲的衣襟在家撒娇的年纪，却大胆地对未知的世界进行了一次历险。

　　后来，她是被一位好心的车夫送回来的。坐在洋车上她一点不害怕。为什么害怕呢？花皮球还没有买到呢。花皮球是个挺好玩的东西呀！

　　虽是为了一只花皮球，却已远远超出了花皮球的范畴，这让大人对她刮目相看。这个小丫头不简单呀，她的一颗心大着呢！

除了这一次的离家，还有另外一次远行。

祖母去世那段日子，家里来了很多人，大姑、二姑、三姑，都来了，还有和尚道士，吵哄哄的。一天，大人们上街，萧红要跟着去。天天关在家里关够了，上街多好玩，街上有大马路，有一家家店铺，有招牌幌子，平常看不到的。在家跟祖父在后园里是好，可这两天祖父忙，顾不到她。

跟着大人先到粮食房，再到碾房，最后就上了街。

街多宽呀，阳光多亮堂啊。这已经是离开家了，不跟家人在一起了，不再听到他们说话了。奶奶的话最不要听，老是怪祖父这，怪祖父那。家里四角的院墙外面还有很大的地方，萧红知道，但没机会去，还不知道那里都有些什么。她还从没有从家里出来走过这么远呢。这外面，不仅跟家里不一样，跟她很喜欢待的后园也不一样啊。少年的萧红禁不住在心里发问：是不是越走得远，不一样的东西越多？我将来是不是可以走到很远很远的地方啊？

又过了一天，大人们带她到南河沿上去。南河沿离张家大院本不算远，也就半里多路，可萧红很少有出门的机会，这是第一次去，就觉得很远。走过一个黄土坑，又过一个南大营。南大营的门口有兵把守。南大营的院子好大呀。萧红觉得家里的院子已经够大了，可这南大营的院子怎么会比它还大呢，大得有些吓人了，大得有些让她不相信了。

路上萧红看到有一户人家把花盆摆在墙头上，让她觉得很新奇。那么好的花盆，放在外面，下雨怎么办？下雪怎么办？刮大风怎么办？还有，别人家端回去怎么办？

萧红还看到一座小洋楼，高高的，立在路边上。不出门只以为自家的房子好呢，出了门才知道，真的好房子比她家的不知好了多少倍。若问哪里好，也说不出，就觉得那房子是一色新，不像家里的房子那么旧。

再往前走，走哇走，转过大营房拐角，就看见了河。

这是萧红第一次看见呼兰河，她瞪着眼，挺新奇地站在河边，不晓得这河水是从什么地方来的，走上几年了，往后要流到什么地方去。

那河太大了，萧红长这么大第一次看到。她抓了一把沙子抛下去，那河水简直没有因此而脏了一点点，还是那么清

呼兰河

亮亮。河上有船，但是不很多，有的往东去了，有的往西去了。也有的划到河的对岸去的，河的对岸似乎没有人家，而是一片柳条林。再往远看，就不能知道那是什么地方了，因为也没有人家，也没有房子，也看不见道路，也听不到一点音响。

萧红就想，将来我也可以到那没有人的地方去看一看。

这一次的出行使萧红发现，除了家里的后园，还有街道。除了街道，还有大河。除了大河，还有柳条林。除了柳条林，还有更远的、什么也不知道的地方，什么也看不见的地方，什么声音也听不到的地方。

除了这些，究竟还有些什么呢？萧红很想知道，却暂时不能知道。

这是萧红童年时代十分难忘的两次出行。

萧红自小就怀着一颗骚动的心，她虽双脚站在偏僻闭塞的呼兰小城的黑土地上，脖子却如长颈鹿，远远伸到四角院墙的外面，执拗地盯着远方——远方的大路，远方的河流，远方的地平线。

闭塞的小城、苦命的母亲、冷漠的父亲、祖父、后花园、穷苦人奇奇怪怪的故事，尤其是祖父，祖父的那颗善良炽热的心，以及祖父引领萧红去认识、去感知的生机勃勃的自然万物，它们形成合力，一同构筑了萧红情感的河床与灵魂的天空，使萧红命定了不安于小城一隅，她在别人觉得静悄悄的时候，却听到一个声音，一个远方的呼唤的声音，这声音泠泠在耳，金属一般铿锵有力，时不时让她双目发光如同星星。这就是萧红，对不可知的未来瞪着一双好奇之眼的萧红，对僵死平庸的生活扭脸而去的萧红，憧憬着并行动着，这就是她的特质。不为了今生今世的情缘爱意，只因为海上那一座灯塔的召唤，于是倾其一生，在波峰浪谷中航行，去追寻，不住地追寻，从异乡到异乡，颠簸、漂泊、四处流浪。

第二章　青春的追求与迷惘

婚约的背后

那天应该是春天，起码是个晴和的日子，萧红的父亲张廷举把萧红叫进房间，向她说起她的婚事。依照常规的估计，萧红当时应该先有些惊讶，接着心里打着小鼓一般有些兴奋。咋不兴奋？都十九岁了，早到怀春年龄，心里时不时总揣着些女孩子的绮梦，班上动作快的同学，都做上少奶奶了。再一条，自从祖父去世后，家在萧红的感觉上变得比以前荒凉了，内心完全处于真空状态，找个好婆家，有个归宿，也是正道。这种估计有没有道理？有。但依照我的估计，萧红当时并没有上面说的"有些兴奋"，相反漠然。

萧红跟父亲的关系一直不好，可以说冰冻三尺，非一日之寒。萧红当时由着父亲说，也不问什么。父亲看她那副心不在焉的样子，很不高兴，只得把话又强调了一遍。萧红脸上虽没有什么表情，其实父亲说的每个字都真真地听着，并且心里冒出无数个问号。如果是祖父，萧红早盯着问了，不回答还不行，缠着你不放手。可这是父亲，道貌岸然的父亲，她硬是忍着，一句也不问。

问也问不出，他做老子的，怎会回答儿女这方面的提问？

在给萧红说婚事的时候，五四运动已进行了好几年，报刊上反复在吹民主自由的风。张廷举也算一个力主新政的人物，可他在家中仍然一以贯之地大搞封建的一套，关系到女儿一辈子幸福与否的婚姻大事，他居然从未跟她商量过一字，全他一人说了算。你也许会说，父母之命，媒妁之言，从古到今的老规矩，一个做女儿的，就得听话，就得服从，给你个绳套，也得去钻。这话也对。可他张廷举是个干教育工作的，大会小会上发言做报告，鼓吹的都是自由平等的新思想，早先在家里也曾带头破旧立新不给赵王爷烧香供奉，如今一身西装穿得周周正正有模有样，看上去绝对是属维新的一类，怎么到了实际行动，却变了样儿？

当然要变样，不变倒不是张廷举了。

萧红的这桩婚事，其实早在这之前就拉开了序幕，只是萧红一直蒙在鼓里。

最初谈论婚事，是在萧红的祖父过八十大寿那天。那天，张家大院张灯结彩，宾客盈门。晚上酒桌上，萧红被张廷举叫着去给客人一一谢客（其时弟弟还小，不能协助父亲完成这一重要礼仪）。席间一位一身戎装的军人在萧红随父过来敬酒时，对萧红特别多看了两眼。这人是黑龙江骑兵团的一位团长，这多看的两眼，是因为有热心人给他的义子汪恩甲作伐，他要看看张廷举的这位千金合不合他意。萧红当时一丝儿不知道，更不知道父亲事后与这位气宇轩昂、身上散发着马味的军爷捣鼓了些什么。

张廷举今天把萧红出嫁的事一下提到议事日程，内里其实暗藏着一些不想对人说，也不便对人说的原因。原因一，萧红在东特女中①不守规矩，屡屡参加学潮，在同学中是个出头的椽子，把孔焕书校长惹火了。孔校长找张廷举撂下了难听的话："你要管管，她要是再不收敛，对不起，请你们把她带回家，我这个小庙实在是供不起了！"张廷举大跌面子，灰溜溜而去，回家暗想，凭她这心性，怕是只有嫁了男人才有收心的可能。再由她这么下去，很有可能闹出更大的事情。只有趁早把她嫁了，才能落个安心。原因之二，萧红的婆家汪家是个大户，萧红在校的丑事万一被知道，人家一不高兴，提出退婚怎么办？原因之三，如今哈尔滨闹学潮，男生女生混在一起，万一再闹出些别的乱子，怎么了得？

基于这些考虑，张廷举决定：尽快完婚！

---

① 东省特别区区立第一女子中学，后文简称"东特女中"。

从春天走向秋天

　　萧红第一次与汪恩甲见面，可能是在萧红的家里。婚约已经定了，选择一个适当的时候，比如过什么节，提着一点小礼上个门，这点汪恩甲是应该做到的。萧红是姑娘家，总不能第一次让她到你家去吧，萧红再大胆，再不拘小节，这种事情上总守着分寸不会造次。

　　以萧红的个性推测，她与汪恩甲第一次见面，绝不像电影电视上的那些富家小姐，头低着，脸颊微微羞红，一副典雅贤淑的样子。萧红受过五四洗礼，读过洋书，参加过学运，她第一次与汪恩甲见面，虽没说什么话，但一双眼睛是活泛的，目光一点不躲躲闪闪、藏藏掖掖，而是一下落到汪恩甲身上。从现存无数的老照片和他人回忆性文字里可以知道，萧红的一双眼睛大而明亮，凭着她美术课上训练有素的观察力来看，就这一眼，汪恩甲眼耳口鼻从头到脚无不被她看了个透。此时的汪恩甲已是一名小学教员，应该练就了跟陌生人打交道的能力，但此刻面对如此沉静而又大胆的萧红，心里可能暗暗有些惊讶。但从后来汪恩甲一直追着萧红的情况看，这第一次见面，一定是让他喜欢上了萧红。萧红皮肤白净，眼睛大而明亮，个子高挑，着装不艳不俗，又在哈尔滨洋学堂读书，汪恩甲怎么可能不喜欢？

　　汪恩甲这边的情况是这样，萧红那边呢？我们没有看到汪恩甲当年的照片，但据萧红的小姨后来回忆，汪恩甲长得仪表堂堂，够得上风流倜傥。此说凿凿。试想，以萧红性格的刚烈，汪恩甲如果形容猥琐，不合她意，她怎么可能接受父亲的安排，一点儿风雨雷电都没有呢？没有风雨雷电，是因为这位汪先生最初还是能让萧红接受的。萧红在校里已读过张资平、叶灵凤等好些人的言情小说，一个人时也未尝没有描画过心中的白马王子，青春的绮梦使她对异性男子已怀有一种朦胧的向往。因此，与这位还算气宇轩昂的汪先生开始一种男女之间婚姻意义上的交往，在萧红未必没有一种新奇，一种欢喜。

　　最初他们的相处平和而静好。关系既然定了，汪恩甲也就毫不避讳，有空就到东特一中找萧红。开始同学们都觉得稀奇，两眼拐着弯儿盯着看，背后还叽叽喳喳议论。来的次数多了，都熟悉了，萧红如果不在，就让他坐，替他去叫。隔三差五地来，学校传达室认识他了，知道他是找某某班一个叫张廼莹的女生，会客单一填，直接让他进。

这之后，萧红到了休息日回呼兰少了，常到汪恩甲的家顾乡屯玩。汪家看到未过门的媳妇来了，自然欢喜，好吃好喝招待，萧红自然心里也惬意。

旧时传统婚姻中，女方向男方表示爱意，总要做点事儿，比如做一双鞋，绣两只荷包，等等。萧红虽是洋学生，也不能免俗。问题是，她在校里手工课上虽学了女红，但成绩不佳，纳鞋底、绣荷包，全不会。这不会那不会，总得会一样吧？织毛衣在当时女孩子中有些流行，萧红学过一点，勉强凑合，就考虑给汪恩甲件毛衣。毛线很有可能是继母梁亚兰帮她准备的。梁亚兰因为萧红快出门了，在家待一天少一天，因此这段日子对萧红特别好。这"好"也传染给了萧红的父亲，张廷举回来脸比以往也温和些了。萧红感觉到这种回春的状态，于是就把给汪恩甲织件毛衣的要求向梁亚兰提出了，梁亚兰当然支持，可能还会问，织什么颜色的？咖啡色的行吗？要么就米色，或者藏青？

想象萧红织毛衣的状态十分滑稽。以萧红的个性，织毛衣应该跟她风马牛不相及。做这类活，心要闲、要静、要细，萧红好像搭不上边。她一点不欢喜织毛衣，她开启这么个工程，纯粹是一种情感驱动。你看她织的毛衣，针脚粗大，歪歪斜斜，宿舍里的同学都把它当笑话。

但织毛衣的事一定是事实，因为关于这一点，我不止在一种资料中看到过记载。毛衣织得不够好不要紧，关键是表现那份心意，况且真的要是太拿不出手了，继母梁亚兰可以露一小手——这方面她是很擅长的，帮她大大地补救一下就是了。

萧红与汪恩甲订婚不久，汪恩甲的父亲病逝。萧红作为未过门的媳妇，要去吊孝。萧红很可能不太懂得这些规矩，但张廷举懂，梁亚兰懂，他们自然会作出安排。萧红去了，但不是一个人，而是跟着继母梁亚兰一同去。一同去，这很好：一者母女出动体现了重视的程度，让汪家满意；二者萧红年轻无知，不懂礼仪，这样有人在旁及时给予指点；三者体现了继母对萧红的关心，有进一步敦睦关系的意义。

据王化珏《访萧红叔伯妹妹张秀珉老师》记载，萧红此次去奔丧穿了重孝。重孝是什么装束？应该是一身白了，腰间还扎上白孝巾，与死者的儿子一样。这表明，婆家已完全把她当成自家人了。萧红以她这样的身份，当时是应该哭的，不管发自内心还是逢场作戏，都要发出声音，最好声泪俱下，呼天抢地。可是以我们对萧红的了解，她大概做不到，纵梁亚兰在旁边扯她衣角，悄悄提醒，也很难做到。萧红可能只是呆呆地站着、望着，满眼是白花花的巾幡，满耳是吵哄哄的声音，她被拖来扯去，像个木偶，任人摆弄。虽然像木偶，但很听话，来的客人都觉得她是个大户之女，人前背后夸她，这就让婆家很满意了，觉得这丫头不做假，实在。于是给赏，多多给赏，赏了 200 元。200 元，这在当时是个很大的数字呀！

从上面的情况可以看出，萧红与汪恩甲这时候的关系虽还够不上春风浩荡，但基本上是暖风轻吹。也就是说，萧红在心理上完全接受了汪恩甲。但我看到萧红的一些传记、评传，好些人对萧红的这段感情经历语焉不详，甚至闪烁其词，好像汪恩甲完全是萧红父亲硬塞给她的，她压根儿一点都没喜欢过，汪恩甲身上几乎找不到什么好，从始至终，都是贬词。这显然是不够客观的。他们的情感是一条曲曲折折的河，到后来是断流了，但我们不能因为断流，就否认前面曾经有过的波光粼粼的日子。试想，如果真的心隔千里，萧红休息日怎么可能往汪恩甲家跑？怎么会替他织起毛衣？至于后来走不下去，闹出很多事情，那是他们出现了问题，感情坏了，各自应负各自的责任，作为记叙与评述者的我们，不能因为眼下的草黄叶枯而把前面花红柳绿的一段阉割了，抹杀了。

萧红与汪恩甲之间出现危机，直接的原因是，汪恩甲抽鸦片。萧红吃一大惊，你怎么抽鸦片呢？鸦片是什么？鸦片是帝国主义侵略中国的特殊武器，是让中国人沦为东亚病夫的毒品，是导致中华民族积贫积弱的最大祸首之一。近一百年前林则徐在虎门点起的那把冲天大火烧的什么？烧的就是鸦片！你居然抽它？

萧红是怎么发现汪恩甲抽鸦片的，这里面一定有细致生动的故事，但我们没有看到过这方面的记载。抽鸦片，就像现在的烟民，身上应该有些味道。汪恩甲可能抽得还不算多，加之他清理保洁的工作做得好，萧红可能一开始并没有发觉。萧红后来慢慢揭开了这个秘密，可能是她常到顾乡屯汪恩甲家玩，于不经意间发现的，比如在他书房里看到了烟枪烟灯，细细用鼻子闻，空气中还弥漫着一股淡淡的诡异的香味，这应该是萧红来前汪恩甲紧急过烟瘾留下的痕迹。以萧红的个性，一旦发现了蛛丝马迹，绝不会轻易放过，非穷追猛打不可。还有一种可能，萧红的同学向她提供了这方面的信息。萧红同窗徐淑娟与萧红关系极好，她的哥哥徐长鸿在三育中学读书，而汪恩甲在三育小学教书，他们同属一个教学系统，经常见到，十分熟悉。汪恩甲抽鸦片，徐长鸿应该知道。徐长鸿知道了，他的妹妹徐淑娟很可能也会知道。作为同窗好友，发现了这么重要的情况，怎么可能不提个醒呢？这一提醒，萧红自然会警惕起来，再一听说徐淑娟乃兄与汪恩甲熟悉，必然要抓住不放，细细致致打听。这一打听，问题便会像滚雪球一般越滚越大，原来不光鸦片，还有纨绔习气，等等。这就不是小问题了，这就很严重了。这段日子萧红刚好参加了学运，接触了好一些新人，其中好些是相邻中学的男生，他们都胸怀理想，意气风发，具有反帝爱国激情，一个个光鲜灿烂，令人敬佩，大大拓宽了萧红的眼界。比较之下，汪恩甲居然抽鸦片，居然纨绔习气，这就太庸俗、太低级，有些让萧红心生不满了。

　　各种因素的作用，使萧红对汪恩甲开始了一番新的认知，这是一种由感性提升到理性的新的认知，它让萧红得出了新的结论：汪恩甲原来是平庸的。禀性高傲，心志与情感容不得一丝杂质，内心洁净得如同冰雪的萧红，怎么能接受平庸？裂变于是开始，最终的结果是：

　　我要同汪恩甲分手，我要继续读书学习，我要走自强自立之路！

追梦的逃亡

萧红与汪恩甲发生情变，有一个人起了重要作用，这人就是萧红的表哥陆振舜。

陆振舜是哈尔滨法政大学的学生，已婚。萧红何以与他产生感情，说法有二。之一，俩人都有着被父母包办婚姻的不幸，同病相怜使他们走到一起，共吐苦水，共诉衷肠，从而产生感情。说法之二，俩人自小青梅竹马，有着感情基础，张廷举给女儿订婚时，萧红正与表哥暗恋上。

上述两说其实不相矛盾。因为是姑表兄妹，小时可能随着大人们的走动在一起玩过。玩的什么？玩的跳绳啦、踢毽子啦、滚铁环啦，溜冰啦，就是所谓的"郎骑竹马来，绕床弄青梅"之类。一晃长大了，萧红成了大姑娘，陆振舜都已娶妻生子有家有室了。萧红进东特女中后，节假日应该到表哥陆振舜家玩过，表哥家就在哈尔滨太平桥，并不多远，来去很方便。呼兰的那个家对萧红来说有些冰清水冷，去找表哥说说笑笑何等开心。再到后来，萧红还意外发现，表哥竟与自己同窗好友徐淑娟的哥哥徐长鸿是中学同学，他们常到一起玩。萧红在徐淑娟家碰上他了。依照萧红不拘小节的个性，跟表哥在一起可能经常会动手动脚打打闹闹，可这是在徐淑娟家，有别人在场，她不得不收敛住，这一收敛，倒使他们生分了，彼此看看对方，都有一种异常的感觉。

也就在这期间，因为"11·9护路"，因为反对各种不平等条约，哈尔滨学运如火如荼地闹起来，法政大学的学生自然走在前列，一直成为运动积极分子的萧红，本来就对法政大学心存景慕，再又看到陆振舜在队伍里慷慨激昂走在前面，这就让他们有了一种同仇敌忾的战斗豪情，很自然贴得更紧了。

估计大概就在这段时间，萧红对汪恩甲产生了不满。萧红也不是不知道"父亲之命，媒妁之言"的陈规，订婚是仅次于结婚的一件大事，想推翻简直是难于上青天。于是苦闷了，忧郁了。大水积聚得过多容易决堤，必须找一条泄洪的路，萧红除了找同窗好友谈谈，再一个可以一吐块垒的对象就是自己的表哥陆振舜。陆振舜的遭遇与萧红有类似之处，他的婚姻是迫于压力由家中一手包办，婚后一直不幸福。同病相怜，两个人互诉起苦衷，自然比别人更容易理解，相互安慰也更见效果。说过了，叹过了，恨过了，倾诉过了，心里都觉得很舒服，眼神里比原来平添了亲切。于是经常找机会又坐到一起。本来就有青梅竹马的良好基础，这促膝谈心得长了，自然就有了感情。以萧红的个性，要么是不对人好，要是一被她看上，一定是电光石火般地进展快速。而陆振舜毕竟是个男人，又有过已婚的经验，不可能太滞后，于是兄妹式的亲情，转换成恋人式的两情相悦，汪恩甲在萧红心中的位置很快就被陆振舜取代了。

到了这一步，萧红肯定是不接受父亲的成命了，她提出了退婚。

退婚？这简直是大白天里说梦话！张廷举当时眼镜后面的双眼肯定瞪成了铃铛，心火一下蹿到八丈高，但他硬是控制了自己，深知自己的这个宝贝女儿桀骜不驯，天生叛逆，对她牛不喝水强按头肯定没用，于是冷静地问她原因。萧红脱口而出，汪恩甲抽鸦片。我怎么能跟一个抽鸦片的人生活一辈子？萧红的这一句话掷地有声。以萧红的心性，她不喜欢这个人了，不要说不能和他生活一辈子，就是半年、一个月，都不可想象。

中规守道的父亲，当时可能对汪恩甲作了批评，并对萧红进行了一番宽慰劝说，答应之后一定找汪恩甲谈话，要他改改。年轻人，有些毛病正常的吗，改了还是好样的。

可萧红主意已定，任父亲说什么也白搭。萧红告诉父亲，她要退婚，她要到北平上学。

父亲这一下再也控制不住了，你到哈尔滨上了一个初中，就变成了一匹野马，如今再到北平，岂不要大闹天宫？不由火冒三丈，拍了桌子正告女儿，这不可能，永远不可能！

不可能是张廷举说的，萧红却一定要将这不可能变成可能。萧红在东特女中高仰山老师指导下读过鲁迅，此刻子君的宣言在她耳畔轰然响起："我是我自己的，他们谁也没有干涉我的权利！"于是，一场父女之间的战争开始了。张廷举与梁亚兰结成钢铁联盟，同时对萧红施压，萧红大吵大闹，坚决不同意。住在张家大院里做杂活的，以及街坊邻居，见张家闹得沸沸扬扬，都过来看。梁亚兰本觉得家丑不能外扬，但到这一步眼看捂不住了，索性将门大开四敞。据萧红的侄子张抗在《萧红家庭情况及其出走前后》一文中说，当时萧红的父亲还请来了萧红在乡下的舅舅姜续业，想请他管教管教萧红，可结果，萧红受不了大舅的责骂，竟从厨房拿出一把菜刀，与大舅对抗。

这一年是 1930 年，萧红十九岁。一个十九岁的花季女孩手执一把刀这本身就有些荒谬了，还不仅是执，而且是从厨房里冲出，这一定有些恐怖了。那刀锋利吗？冲到外面，刀口在阳光下会不会闪光？拿刀不是摆花架子，是高举着朝向人的，这个人是大舅。大舅是母系家族中最有地位的人，过来是一言九鼎的，此刻这权威性受到了刀子的挑战，于是要逃，萧红在后面还一路地追。张廷举与梁亚兰当时是什么反应？是一边跳骂，一边喝令萧红放下刀，还是唯恐大舅被砍，催促大舅快跑？张家大院比十几个篮球场还要大，如果在里面追起来，双方的体能会有一个彻底的考验。一共跑了多少圈？最后谁先气喘如牛地萎败下来？细想想，很是惊心动魄。

这就是萧红。平常像一座休眠的火山，安然宁静，在蓝天白云下耸立，很好的一片风光，可一旦爆发，就热火熊熊，熔岩四射，让人大惊失色。萧红的倔强与叛逆，家人在她小时候就有领教，但这一回的执刀对抗，可以说是到了极致。

父亲一直在推进他的工作。他跟汪家商量，准备近期给萧红完婚。汪家很是乐意，开始采买各种结婚用品。萧红在家，像落在一张密密的网里，等待着宰割烧煮。她苦闷、压抑，几近疯狂、爆炸。她想起了一句古语，"何以解忧，唯有杜康"，发现有酒，于是打开来。不光喝酒，还抽起了烟。可是烟酒并不能解决问题，苦闷的树一天天疯长，撑满了整个天空。

无路可走，但还是要找路。萧红并非完全孤立无援，她有陆振舜。陆振舜一直与她站在一起，理解她、支持她。此外还有一批同窗学友。萧红找陆振舜最终商量出办法：到北平去，陆振舜打前站，萧红之后到，一起在北平读书！陆振舜家有妻室，这后院事宜如何处理，萧红不得而知。反正最终结果是，陆振舜去了北平，进了中国大学。他的这种果断的行动，足见对自己包办婚姻的不满和对萧红的一往情深。

追梦的逃亡

陆振舜有个三育中学的同学李洁吾，正在北京大学读书，于是找到他，对他说："我有个表妹逃婚而来，将在这里读书，请务必多多关照。"李洁吾是个赤胆忠心之人，立刻替他们找房子。

萧红在陆振舜走后，一直寻找逃离的机会。汪恩甲那边在紧锣密鼓准备婚事，萧红觉得不妨就此利用一下，于是改变姿态，对父母作出妥协，同意结婚，提出要拿一笔彩礼钱，进城买一些结婚的服装。张廷举夫妇见逆女归顺，心里终于松了口气，慨然答应了她的要求。出门买衣服那天，张廷举心里还有些不放心，但听她说由刘俊民陪同，张廷举知道刘俊民是萧红的同学，俩人关系挺好，也就不吱声了。没想到，萧红带着这一笔钱，到哈尔滨后，先到服装店买了两件衣服，接着到东特女中收拾了一下简单的行李，立刻与生活了三年的母校挥手告别，踏上了一辆南下的火车。

没有水，鲜花也会枯萎

车窗外的村庄、河流、树木、田野一闪一闪过去，天高地迥，白云蓝天，萧红的一颗心越来越开阔，越来越敞亮。在家连日地被批评、责骂、围攻、压迫，此刻不由吐了一口长气，腋下仿佛生了一对大翅，呼啦呼啦地在飞！

北平，历史悠久的古都，五四运动的发源地，萧红早就对这座遥远而陌生的名城充满了向往。此刻她要奔它而去。她要到那里读书、学习，把旧的、低劣的、全由父母安排的一切抛弃，开始她新鲜的灿烂的快乐的新生活！在这新生活里，还有懂她、支持她、疼爱她的表哥！

红红的枫叶，

是谁送给我的！

都叫我不留意丢掉了。

若知这般别离的滋味，

恨不早早地把它写上几句

别离的诗。

（萧红《可纪念的枫叶》）

很显然这是一首情诗。哈尔滨一别才几天，竟有了愁绪？

此刻坐在南下的火车上，车轮卡隆卡隆！萧红觉得，这是飞翔的声音。

陆振舜在北平接到萧红，吃了一惊。这是表妹吗？怎么一下变了样？短发、西装，一只手随意地插在裤子口袋里，洒洒脱脱、大大方方，全没有从前那种小辫大褂的淑女状。

萧红初到北平的这副形状确凿无疑，因为在萧红故居及各种研究评论的书籍里，有一张摄于1931年之春的黑白照片，萧红就是这副样子。这样子显然有些男生相。萧红追求这种效果，很大的可能是，经历了与汪恩甲的婚姻风暴后，她深感一个女子在这世上没地位、受摆布，因此渴望淡化性别色彩。这种感受与认识，与她后来所感叹的"女性的天空是低的，羽翼是低垂的"，一脉相承。

到北平后，萧红很快进了师大女附中读高一。宿处在李洁吾的奔走下很快找到，地点在二龙路西巷一家平民化的院里。房屋七八间，都住的人，萧红与陆振舜分别住北边的两间屋。条件虽简陋，但萧红见院里有花、有草、有枣树，鸽子在屋顶上飞，天蓝蓝的，春天的阳光照过来，一片生机勃勃，她十分高兴。

最让萧红开心的是，陆振舜在北平有一批由三育中学出来的同学，他们分别在北平不同的

1931年，萧红在北平读书

大学读书，经常过来看望陆振舜，热闹得很。这之后，这里便成了大家相对固定的一个聚会场所，隔三差五有人来，这当中，李洁吾来得最多。他们坐下来，谈理想、谈学习、谈未来，一个个风华正茂，才气横溢。面对这情形，萧红想到了在东特女中跟几个好友聚在宿舍畅谈人生的往事，但觉得这之间有着高低之别，那毕竟是中学，而且是女生，这里是一批意气风发的优秀学子，他们更有激情，更有冲劲，浑身

发出光热。萧红静静地坐在旁边，望着他们，听他们说，有时也参与进去，一同讨论、争辩，觉得愉快、受用。

此时的萧红，给北平的朋友留下的是一种什么印象呢？后来成为她好友的李洁吾有着一段细致的描述：

> 她不轻易谈笑，不轻易谈自己，也不轻易暴露自己的内心；
>
> 她的面部表情总是很冷漠的，但又现出一点天真和稚气；
>
> 她的眉宇间，时常流露出东北姑娘所特有的那种刚烈、豪爽气概，给人凛然不可侵犯的庄严感；
>
> 她有时候也笑，笑得那样爽朗，可是当别人的笑还在抑制不住的时候，她却突然地止住了，在看你时，她的脑子似乎又被别的东西所占据而进入了深思；
>
> 她走路很快，说到哪里去，拔腿就走；
>
> 她走路总是爱抢在同行人的前面，一直走下去，从不回头，经常使我们落在后面的人，望着她的背影，看她走路的样子发笑；
>
> 她没有一点矫揉造作态的女人气，总是以一"大"的姿态和别人站在平等的地位上；她的感情丰富而深沉，思想敏锐并有独立的见解；

她富于理想，耽于幻想，总好像时时沉迷在自己的向往之中，还有些任性。这，大概就是她的弱点吧！

（李洁吾《萧红在北京的时候》）

李洁吾不愧是萧红的知己，他对萧红的个性、禀质、内心的要求、渴望、情感状态等，可谓了如指掌。其实在此之前，李洁吾见过萧红。那是在哈尔滨，萧红的同学徐淑娟家。徐淑娟的哥哥徐长鸿与李洁吾是同学，一次他到徐长鸿家玩，见到了萧红。当时萧红给他的印象是，齐耳的短发，大而有神的眼睛，穿着白褂青裙，白袜布鞋，完全一副女学生的样子。萧红与陆振舜来北平后，李洁吾大概是到他俩住的西巷小院最多的一个。李洁吾经常把自己看过的好书，比如戴望舒的诗集、日本鹤佑见辅的《思想·山水·人物》等，带给萧红看。特别是后来，萧红与陆振舜因家里对他们经济封锁，使他们饥寒难耐时，李洁吾到处想方设法为他们借钱，钱借不到，竟从自己身上下工夫。那天，萧红冻得发烧了，李洁吾知道后，立刻把黑乎乎的煤送进来，给萧红着起炉子，红红的火光闪耀着，屋里立刻充满了热气。萧红到后来才知道，李洁吾原来将自己的被子送进了当铺，用当来的钱为她买的煤，从那一夜起，他只能盖一条薄薄的褥子睡觉了。

好几年之后，萧红与李洁吾之间一直保持着一种纯粹的友情，一种至真至纯的友情，他们两人的关系有点类似于兄

没有水，鲜花也会枯萎

妹。在一次讨论感情问题时，李洁吾曾经表明过自己的观点：爱情是狭隘的，这世间最可靠的是友情。萧红很珍惜他们之间的友情。关于他们的故事，她在她早期的散文中曾作过一些零碎的记录。

沉浸在北平新生活中的萧红，一点不知道——她也不想知道，她的抗婚逃亡给家里带来了怎样的麻烦。汪家把婚事已放上议事日程，接下来就要新人上场了，可人呢？张廷举与梁亚兰一直不停地在给萧红写信，要萧红回来！立刻回来！萧红却一直在糊弄他们。这一回张廷举急了，找陆家要人来了。陆家自知理亏，觉得是自家儿子把人"拐"跑，只得连连打招呼，表示一定全力配合处理此事，尽快将陆振舜招回。

转眼到了11月，北平的天气冷了，萧红又一次接到家里来信，信中命令她快快回家，既没有给她寄御寒的冬衣，更没有寄一分钱。萧红打开行李箱翻找厚一点的衣服，可带到北平的都是夏秋的单衣，能抗风寒的一件没有。萧红收到通牒不久，陆振舜也受到家里的经济制裁，明确警告，如果放寒假回家即寄来费用，反之以后一分钱不给。

俩人的生活费节俭使用撑持了一段日子，再下来就靠东挪西借艰难度日了。据萧红的朋友高原回忆，当时萧红的房间里除了一张单人床、一张小长桌、一只小凳，再无一件多余的物件，简陋得令人心酸。为了不至于受饿，萧红不得不常常带几本书到旧摊上卖，日复一日把书卖光；上学都是徒步，舍不得乘电车花钱。同学们看到天这么冷，萧红还穿单衣，都感到奇怪，不时有人对她说：

"你真耐冷，天气都快零度了，还穿单衣。"

"你的脸都冻得发紫了，为什么不加衣服？"

"到底是关外人……"

到了元旦，天下雪了，萧红浑身像结了冰。屋子里没有一个地方可以躲避刺骨的寒冷。她颤抖着，努力抵御着，在床上翻来覆去，等待陆振舜借钱回来，可等到太阳落山也不见人影。房东耿妈看她实在可怜，借了十个铜板，让她买了烧饼油条当晚饭。李洁吾也一直在为她奔走借钱，到最终也都杯水车薪，解决不了问题。

在饥饿与严寒面前，陆振舜变得消沉起来，他开始一个人闷坐着抽烟、喝酒。萧红惊讶地望着他，心中的光一点点暗弱了，两人的关系渐渐趋向淡漠。他们重蹈了鲁迅笔下涓生与子君的覆辙，原来光有爱情是不够的，没有经济上的自主，没有独立的人格，是无法摆脱家庭束缚，走出一条真正属于自己的理想道路的。

萧红沉默了。

沉默的萧红，心里有一种恨、一种怨。

汪恩甲身为小学教员，经济上独立，行走道路的能力具

没有水，鲜花也会枯萎

备，可他的精神怎么就灰蒙蒙的，缺少光亮，尤其还抽什么鸦片呢？他与萧红心目中向往的男人相去多远呀。汪恩甲淡出，陆振舜来了，他倒生机盎然，像一棵青葱的树，可临到困难出现，怎么就委顿下来，立刻向家里举手投降？才进入青春的航道，萧红遇上的两个男人都让她不顺心，运气也太差了，太有些倒霉了。萧红不相信命运一说，但她此刻信了。她是 1930 年 7 月到的北平，此刻 1 月，前后一共半年，回首以往，只觉得是一场梦。

寒假开始，学校人去楼空。二龙路西巷的院里，就剩下他们两只孤鸟。

怎么办？

萧红望着陆振舜，陆振舜躲避着萧红的目光。

俩人别无选择，回家。

这是一次追梦的逃亡，也是一次失败的逃亡。尽管开的是一个"凤头"，而且光彩照眼，景象宜人，但它的失败在它一开始就已注定。怪陆振舜吗？要怪，你是个男人，带着一个女生抛妻撇子大老远来到北平，你怎么扛到一半不再往下扛？扛不动？咬牙扛了吗？退一步想，也不能怪，毕竟他寄生于那个家庭，没有长成挺拔的脊梁，想改变一部大机器的运转，远没有那个能力。

萧红认命吗？

不认。因为她坚信，前面不远的地方，一定有花。

福昌号屯的天空

如果一个人做什么事都能思前想后，这个人虽够不上老谋深算，但基本算是成熟了。萧红肯定达不到这样的水准。不要说她现在年轻幼稚，阅历尚浅，即使天假其年，活到四十岁、五十岁，乃至老年，都难以做到。萧红是感性的人，如果认定了目标，她一定会向目标走去，至于路上有什么泥潭、深沟、毒蛇、猛兽，她都不顾，就是要去，不停地向它走去，走不动了，就生出一对大翅向它飞，一直飞到目的地。萧红这两回追梦的逃亡就是这样，她脚一跺踏上了南下的列车，把一切都撂下，全没想到在她身后引发的是一场七级以上的地震，海啸的大潮一直冲到了张家大院的檐下。

汪家首先闹起来了。婚事筹备得差不离，人呢？怎比梅兰芳还难请？纸包不住火，本来就疑惑，一下全露了馅。于是在家主事的汪恩甲的哥哥汪大澄要退婚，闹得沸沸扬扬。

张廷举是个讲究道德文章的人，人们虽然不会直接问他女儿跟什么人上哪去了，但背后悄议的一定很多，况且还有些与他不睦者。有研究人士认为，他从省教育局秘书上调到巴彦县教育局任督学，就是萧红的问题直接导致的左迁。情况这么严重，萧红知道吗？

最直接受灾的是萧红的弟弟张秀珂。课间及放学的路上，同学们会不时围攻他、嘲笑他，比如问，"你姐回来啦？""那个野男人是哪儿的？"更有调皮的，用粗俗的话刺激他，"你姐私奔，嘻嘻，是跟一个野男人去睡觉！"张秀珂一开始可能是忍，自己毕竟一个人，纵个子高些，胳膊硬些，也寡不敌众。但到后来，忍无可忍，就爆发了，于是接下来就出现了电影电视里屡见的画面：张秀珂小兽一般一头撞上去。厮打的结果是，回家后脸上带着青，鼻沟里残余着血。这些情况，萧红肯定也是想不到的。

呼兰是个闭塞的小城，小城的特点是，你随便站哪儿说句话，东西南北四面八方都会有回应。萧红是回来了，可她这一次的回来，带来的是满街筒子、满条巷子叽叽喳喳的议论和让人受不了的一道道猜疑探测、曲里拐弯的目光。

张廷举认定，这地方不能待了。

他立刻把张秀珂转学到巴彦县。

为了避免萧红受到飞短流长的议论，同时担心梁亚兰无法管束萧红，以至闹出更大的事来，张廷举决定把家临时搬迁到阿城县福昌号屯。

什么是封建宗法社会？宗法社会的家族有什么特点？我们在社会学与历史学的书籍里可能只能找到一些抽象的概念，而此番萧红随家人回到张家大本营所经历的一切，却对此作出了鲜活而具象的诠释：封建家族原来是一部庞大的机器，在这部机器中，你，一个小小的个体，尽管有血有肉有思想有欲望，充其量只是一个微乎其微的小部件，相当于一枚螺丝钉。你对这部机器运转的规则必须严格遵守，绝对服从。反之如有悖逆，比如无视"父母之命，媒妁之言"，为了所谓个人的幸福去与人私奔，这部庞大的机器将会形成一股合力，碾压你、惩罚你，迫使你最终向它归顺。

萧红应该是坐的一辆马车去的乡下，那我们跟着她，一路听着那悦耳的马铃声，去看看阿城县的福昌号屯是副什么样子。

福昌号屯距离县城有数十里，交通不便，信息闭塞，是个与世隔绝的典型的东北豪强大地主庄园。屯子外面的四周有壕沟，深3米多，只在南边和东边开门。张家老宅在屯子的中心，被称为张家腰院。四周高墙森森，墙基厚1.5米，高3.5米。你不要以为这高墙仅仅防范匪盗，它对现代思想和文化也有同样的阻挡作用。仅此不够，围墙四角还设有炮台，昼夜有人巡逻放哨。大院仅仅正南方向有门，门上有青瓦二层门楼。大门平时关着，只开角门，有打更的守着。你想轻易进来或溜号，万难。在这座物质与精神的堡垒里，生息着萧红的两个伯父、四个叔叔和一个姑姑等人，男男女女老老少少几十号。萧红跟继祖母住在一道，位置靠近正房的中部。如此安排，表面上看是对呼兰来的亲戚着意款待，实际是便于监督萧红的一举一动，尤其继祖母没什么事，早早晚晚可以把她管着。

在这样一座封建宗法色彩十分浓厚的地主庄园里，萧红每天日出而作，日入而息，表面跟大家没什么两样，时不时还被安排做一些简单轻松的农活，可脸上却有着一行自己看不到、旁人都清楚的无形文字：负罪的囚徒。你是囚徒，你触犯过传统法规，损害过家族利益，尤其你父亲大人敦促了，要谨防意外发生，于是大家必然要对你监督。萧红不知道，在她入场之前，她早成了这里的热点，那些事被大家搬东搬西，传来传去，扒开来研究。因此虽是一帮亲戚，萧红每天所承受的，却是不同程度的敌视、猜疑和冷漠，那状态，像对待一个异类，对待林中抓回的一只小兽。

萧红很苦闷，一帮堂兄妹都在外面读书，无法联系。对她的遭遇理解同情，能谈谈话的，只有一个二十七岁尚未出嫁的姑姑和一个刚刚过门不久的二十多岁的媳妇。可是继祖母像一只阴鸷的鹰，一步不离地跟着萧红，不许她跟她们聊，一发现她们在一起，就对萧红的姑姑开骂："你跟她谈什么呀，还有一点廉耻呀？她在学堂里尽和男学生在一块，全学坏了，还不速速离她远些！"转脸又骂萧红："你把老祖宗的脸丢尽了，翻开祖上八辈子，怕是也找不出你这样的货！"

继祖母对萧红这般恨，据研究人士分析，除了她的老脑筋容不下萧红这些行为，另一个重要原因是，她的儿子张廷献，即萧红的六叔，是萧红与汪恩甲的介绍人。萧红抗婚私奔，汪家找张廷举理论的同时，对张廷献自然也会形成冲击。

萧红被封闭在四角的院里，没有新书看，没有报纸读，日本人侵略中国的九一八在全国激起滔天巨浪，福昌号屯依然只是鸡犬之声相闻。与继祖母、姑姑睡在同一条大炕上，夜深人静中，萧红听着继祖母浓浓的鼾声，却怎么也睡不着，又不好跟姑姑说话，只得把过往的人、事，一一拿出来细想。还是睡不着，就看窗棂上月光，看天窗外的星星，听虫子叫，听猫头鹰叫，听山中树林里风的呼啸……

这不是家，这已经是一只铁笼子了。

她被囚着，一个十足的囚徒。

她必须冲破这铁笼子，救出自己。

她在默默寻找机会……

一辆运白菜的大车

萧红究竟是怎样从福昌号屯里逃出的，这个颇有戏剧悬念的问题一直惹人猜想。

据说这时有一个义士式的朋友帮助过萧红，他就是在前面章节里出现过的李洁吾。萧红离开北平后，李洁吾非常挂念，给陆振舜写了信，询问萧红的情况。陆振舜处境也不好，家里是一片批评讨伐之声，何况还有血脉相连的妻与子，因此他很容易地就妥协了。经济的制裁与行动的约束，也使他自顾不暇。隔了好久他才给李洁吾回信，说萧红回家后受到监禁，行动失去自由，整个精神已接近崩溃。李洁吾在北平听萧红说到过父亲专制，相信发生这些情况完全可能，他很急，恨不得一下飞过去，找他们理论，救萧红出来。后来他又接到陆振舜第二封信，说萧红现在苦的是身无分文，只要有个五块钱，她就能从呼兰坐车逃出。李洁吾得到这个消息，很振奋，立刻设法兑换了五元"哈尔滨大洋"票子，小心翼翼藏入戴望舒诗集《我的记忆》硬皮封底的夹层，从邮局寄到呼兰张家，同时还给萧红写了信，暗示她，在读这本书时，越往后越要仔细，越要细心。意思是要她发现夹带的那张钞票，设法从家里逃出。上述内容见诸李洁吾《萧红在北京的时候》一文。令人不解的是，萧红之后并没有收到这五块钱，也从来没有向人说起过这事。信失落了？被家人截获了？抑或信收到，出逃时被发现招致家人更大的打击？

一个谜团。

萧红一生中留下过很多谜团。

在这里，可能有人禁不住要问，陆振舜到哪去了？

他哪也没去，肯定在家里。

这种不作为，固然首先归因于封建礼教、社会制度、传统家法对他强大的制约力，但性格上的懦弱、不担当，当属重要原因。

萧红到底怎么逃出的？通常的说法是，她是躲在一辆往阿城运送白菜的大车里离开的福昌号屯。

福昌号屯四周壕沟，张家腰院高墙森然，出入的大门又有更夫把守，尤其萧红是属看管对象，想要逃离，谈何容易？

其实回答这一问题，唯一的权威不是别人，正是萧红自己。

一辆运白菜的大车

萧红写过好些回忆散文，福昌号屯的幽禁生活也曾涉及，可是作为这段生活最后结束的重要一环——逃离，却未见只字。

李洁吾是她的好友，两人有着兄妹般的情谊。一次相聚，谈了好些话，最后李洁吾问及此事。萧红风云急变，脸上暗下，沉默了半天，没有回答。李洁吾立刻意识到，福昌号屯离哈尔滨一百多里，交通不便，闭塞蛮荒，一个女孩子在冰天雪地里只身从那里逃出，会是怎样？李洁吾立刻心中自责：你怎么哪壶不开提哪壶，专拣人家伤疤揭？

就这一问题，林贤治先生曾作过一段论述：

> 她是耽于回忆的，可是也有不堪回首的时候。在字里行间那些大大小小的空白处，很有可能正是她把痛苦埋得最深的地方。她不是那类有暴露癖的作家。她愿意把黑暗的部分留给自己，宁可暗自啮噬自己的内心，也不愿出示他人。这是一种独特的自爱方式。她敏感、脆弱，喜欢流泪，然而却无时不在护卫自己的尊严。
>
> （林贤治《漂泊者萧红》）

林先生是个体贴入微的人，他的论述准确精深，令人叹服。他穿越灵魂与人性的暗道，直抵问题的内核。

尝试着还原一下历史的本真。

有一个重要背景必须提前交代，不交代你会觉得，萧红在那么一个防守森严的土围子里居然能够成功出逃，匪夷所思，不足为信。

还必须说一下当时的政治背景。萧红出逃的时间是1931年10月4日，在这不足一个月前的9月18日，日本悍然发动了震惊世界的九一八，驻守在东北的日本关东军炸毁了辽阳北郊距中国驻军北大营不远的柳条湖附近的南满铁路路段，并立刻向北大营射击，反诬北大营的中国士兵炸毁铁路，随即向北大营中国驻军大举进攻。驻守北大营的东北军被迫自卫还击，但接到东北边防军代理司令、参谋长荣臻的命令却是不许抵抗，中国守军只好忍痛于10日晨冲出日军包围，北大营被日军全部占领。与此同时，日军进攻沈阳，一夜之间，沈阳全城沦陷。日军进一步向薄弱腹地进攻，一周之内，辽、吉两省的大部分地区落入敌手。在蒋介石不抵抗的命令下，东北军几倍于敌却不战而退。日军继续北进，战火逐渐烧到了黑龙江。

社会急剧的动荡，为萧红撕开了一条逃遁的裂口。据张秀琢的《重读〈呼兰河〉，回忆姐姐萧红》所记，当时战争引起的混乱，使整个福昌号屯处于一片惊恐混乱之中，张家腰院鸡飞狗跳，一片紧张，各家自顾不暇，除了筹措保家护院，就是安排疏散奔逃。对于萧红，机会终于来了。

整个出逃的过程中，萧红应该好好感谢两个人，她的小姑和小婶。

萧红的小姑和小婶，在前面"福昌号屯的天空"一节里已写到过。她们年纪与萧红相差不大，生活在张家大院都不幸福，对萧红追求婚姻自由遭遇的不幸深表同情。之前，萧红因减租事件与伯父发生冲突被关入库房忍饥挨冻时，是她们偷偷给萧红送去热饭热菜。出逃的这天早上，张家要往阿城送一批白菜。给饭店送还是给菜市场送，这不重要，不必细究，重要的是，送白菜是一定的。两挂大车停在院里，马喷着白乎乎的热气，车把式与两个长工一来一去地将临时库房里堆得像小山一样的白菜往车上装。萧红本来在继祖母的屋里发着呆，继祖母像老巫婆似的盯着她。萧红听到了一串马车铃铛的声音。当啷啷！当啷啷！很响，很脆，这声音让萧红郁郁的心立刻有了一丝敞亮。她走到门口。10月的天，下过雪了，雪不厚，院里扫过，白白地堆成一堆一堆，阳光照在上面，白花花发亮。萧红看着长工把一筐筐白菜往车上堆，堆得蛮高了，还在堆，心想，怕要堆成一座白菜山吧？觉得好玩，就过去了。

到了跟前，马尾巴抬了抬，屁下一泡屎，热乎乎冒烟。萧红直往后退。退呀退，退到库房门口了。听到里面有人的声音，转头看看，里面黑黑的，定睛再看，眼睛适应了，看清人影了，是小姑与小婶，她们把一棵棵白菜往筐里放呢。

萧红立刻走进去。萧红也跟她们一同往筐里搬白菜，问："车上装那么多，送到哪去呀？"

小姑说："阿城。"

萧红是随意问的，也是随意听的，但过了一刹那，眼瞪住了。

小姑问："咋啦？"

萧红问："真的到阿城？"

小姑与小婶都望住萧红。

她们晓得萧红的苦，她在这里被监管、被囚禁，没有一点自由，真正的度日如年。到这里也就半年，你看她，变得更瘦了，更苍白了，让人心疼。她跟她们说过不止一次，想逃离这儿，做梦都想，一定要逃离，只恨生不出一对翅膀！

小姑小婶看到萧红眼睛发亮，亮得有些出奇，知道她在想什么了，就盯住她看。

萧红知道她们明白了她的心事，急切地问："你们说说，行吗？"

小姑望望小婶，小婶望望小姑，目光重又转向萧红，点点头。

谋划已经完成，接下来就是行动。

小姑与小婶继续做活，萧红立刻回了一趟屋，匆匆做了一点简单准备，唯恐大车出发滑脱了机会，赶紧又出来。继祖母坐在炕上做针线，拿眼从老花镜后瞪了瞪她，怪道："雷打火烧的，没个正形！"萧红根本没听。

白菜很快装好了。小姑把萧红拖到屋里，小婶将一件大褂子往萧红身上穿。萧红一开始不明白，胳膊被她们俩扯来摆去往袖子里套。褂子穿好，纽上，头上又扎上一条红格子方巾。小姑小婶把她从头到脚望望，点点头，一笑。

外面马铃铛响了，大车要出发了。小姑突然想起了什么，手伸到衣袋里掏了掏，掏出几角散钱，小婶见状，也连忙一样做了，合在一起塞到萧红里面口袋里，立刻把萧红往门外推。

车把式拿着红缨大鞭正往车辕上坐，见萧红往车上爬，奇怪道：

"你咋？"

萧红心口直跳，脸憋红了，一时说不出话。

小姑说：

"她到城里，你捎她一下。"

车把式歪过头，心里有些疑惑：

"她去城里干什么？老爷知道吗？"

小姑说：

"老爷知道的，去她大姑家一趟。"

小婶帮腔：

"老爷忙，要我们跟你说的。"

都没有话了。萧红在车上坐下。萧红此刻心飞起来了，血流得很快，心跳的声音都听到了。她不敢看院里。院里有人。挑篓的、拿锹的，都是长工。继祖母在炕上做针线，您老好好做您的针线，千万别劳动大驾跨出那个门槛哪。萧红望望车把式。您快走哇！您怎么还不走哇？萧红看看天，太阳光亮亮的，晃眼。这一刻没有太阳多好呀，最好是夜里，黑黑的，你看不到我，我看不到你，什么也认不出。车把式吸完一锅子烟，烟袋往腰里一揣，坐上车，大鞭一甩，车轱辘转了。

穿过大院走向前面大门的时候，张家其实有人看到萧红了，却并没有过来拦阻。鬼子要来了，要弃家逃难了，都乱糟糟的，自顾不暇，管那么多闲事干什么？况且这死丫头是个惹事的祖宗，放在这里都坏了大院的风水，走掉好，走掉省心。估计当时看到的人都这么想。于是袖手一旁，看到只当没看到。萧红的弟弟张秀珂偏巧这天因闹鬼子学校停课待在家里，也看到姐姐了。张秀珂目光定定的，姐姐穿一件他从来没看她穿过的大格子褂，头上扎一条红方巾，让他认不出了。张秀珂本来跟姐姐很亲，可父亲严厉地对他交代，不许到姐姐房里去，不许跟姐姐说话，而且他认为，姐姐是犯了一些错误，不然他不会从呼兰转学到巴彦。因为这一切，因此张秀珂只是望着姐姐，一句话没说，看着她坐在大白菜装得像小山一样的大车上出了大院。

这一大段文字，颇有些小说家言的格局了。委实如此。因为逃出铁笼子，是萧红生命历程中的一件大事，它直接决定着她未来的路，我们对此十分关切。小说家言的文字是细了，但我想，当时的客观状态中一定充满了若干惊险、意外、戏剧性的波折，远比这里常规的推理复杂得多，扣人心弦得多。

当天傍晚，萧红就出现在哈尔滨街头了。

一件蓝士林布长衫，手里空空。

这一年，萧红二十岁。

二十岁的萧红，从此开始了她苦难的流浪生活，再也没有回到这个让她伤透了心的家乡。

冰雪中的坚挺

夜幕降临，雪后的哈尔滨冷风呼啸，严寒刺骨。衣服单薄的萧红缩着肩，在灯火昏昏的街头徘徊。一路颠簸着来到哈尔滨，萧红早已是饥寒交迫。冷，浸肌浃骨的冷，冷得牙齿打架，实在受不了。此刻她只有一个想法，有一个暖和的地方坐一坐，哪怕一会儿工夫。

她顶着风走到徐淑娟家，满怀希望地按下门铃。门铃不响，门扇开着一条缝，用手一推，门打开了。房子里没有一点声响。她只希望是徐家人睡了，进去走到玻璃窗前，见里面分明有灯光亮着，激动地呼喊："伯母，开开门，我是淑娟的同学，我叫萧红！"里面没有回应，寂静无声。停了停她才发现，门已被铁丝绞上，窗里的亮是街上的灯光照进去的，徐家已经搬走了。

她又回到空旷的街上。这接下来的情形，萧红曾经作过细致追忆：

那夜寒风逼着我非常严厉，眼泪差不多和哭着一般流下，用手套抹着，揩着，在我敲打姨母家的门的时候，手套几乎是结了冰，在门扇上起着小小的粘结。我一面敲打一面叫着：

"姨母！姨母……"她家的人完全睡下了，狗在院子里面叫了几声。我只好背转来走去。脚在下面感到有针在刺着似的痛楚。我是怎样的去羡慕那些临街的我所经过的楼房，对着每个窗子我起着愤恨。那里面一定是温暖和快乐，并且那里面一定设置着很好的眠床。一想到眠床，我就想到了我家乡那边的马房，站在马房里面不也很安逸吗！甚至于我想到了狗睡觉的地方，那一定有茅草，坐在茅草上面可以使我的脚温暖。

积雪在脚下面呼叫："吱……吱……吱……"我的眼毛感到了纠绞，积雪随着风在我的腿部扫打。当我经过那些平日认为可怜的下等妓馆的门前时，我觉得她们也比我幸福。

我快走，慌张地走，我忘记了我背脊怎样的弓起，肩头怎样的耸高。

（萧红《过夜》）

在万般无奈之下，萧红去找她的好友陈俊民。陈家接待了这个无家可归的女孩，让她住了下来，总算暂时有了个避风挡雨的地方。为了不给陈家增添太多的麻烦，也为了寻找挣钱糊口的活计，自尊敏感的萧红每天早晨就出来，傍晚才回去，和放学回家的陈俊民一起吃一顿饭，只要勉强糊一下口不至于饿死就行。

萧红从福昌号屯逃走，张廷举大怒，开除了她的族籍，并宣布与她永远断绝父女关系。张家在哈尔滨读书的子弟很多，大家都很惦记她。张秀琴曾经专门看望过她，还给她带了一些钱，劝她回家。萧红说："这个家我是不能回的，钱我也不能要。"

有一天，她心绪烦乱地在中央大街上行走，迎面碰见了堂弟张秀璠，堂弟也竭力劝她回家。

　　初冬，我走在清凉的街道上，遇见了我的弟弟。
　　"莹姐，你走到哪里去？"
　　"随便走走吧！"
　　"我们去吃一杯咖啡，好不好，莹姐。"
　　咖啡店的窗子在帘幕下挂着苍白的霜层。我把领口脱着毛的外衣搭在衣架上。
　　我们开始搅着杯子铃啷地响了。

"天冷了吧！并且也太孤寂了，你还是回家的好。"弟弟的眼睛是深黑色的。

我摇了摇头，我说："你们学校的篮球队近来怎么样？还活跃吗？你还很热心吗？"

"我掷筐掷得更进步，可惜你总也没到我们球场上来了。"

"你这样不畅快是不行的。"

我仍搅着杯子，也许飘流久了的心情，就和离了岸的海水一般，若非遇到大风是不会翻起的。我开始弄着手帕。弟弟再向我说什么我已不去听清他，仿佛自己是沉坠在深远的幻想的井里。

我不记得咖啡怎样被我吃干了杯了。茶匙在搅着空的杯子时，弟弟说："再来一杯吧！"

女侍者带着欢笑一般飞起的头发来到我们桌边，她又用很响亮的脚步摇摇地走了去。

也许因为清早或天寒，再没有人走进这咖啡店。在弟弟默默看着我的时候，在我的思想凝静得玻璃一般平的时候，壁间暖气管小小嘶鸣的声音都听得到了。

"天冷了，还是回家好，心情这样不畅快，长久了是无益的。"

"怎么！"

"太坏的心情与你有什么好处呢？"

"为什么要说我的心情不好呢？"

我们又都搅着杯子。有外国人走进来，那响着嗓子的、嘴不住在说的女人，就坐在我们的近边。她离得我越近，我越嗅到她满衣的香气，那使我感到她离得我更辽远，也感到全人类离得我更辽远。也许她那安闲而幸福的态度与我一点联系也没有。

我们搅着杯子，杯子不能像起初搅得发响了。街车好像渐渐多了起来，闪在窗子上的人影，迅速而且繁多了。隔着窗子，可以听到喑哑的笑声和喑哑的踏在行人道上的鞋子的声音。

"莹姐，"弟弟的眼睛深黑色的。"天冷了，再不能飘流下去，回家去吧！"弟弟说："你的头发这样长了，怎么不到理发店去一次呢？"我不知道为什么被他这话所激动了。

也许要熄灭的灯火在我心中复燃起来，热力和光明鼓荡着我：

"那样的家我是不想回去的。"

"那么飘流着，就这样飘流着？"弟弟的眼睛是深黑色的。他的杯子留在左手里边，另一只手在桌面上，手心向上翻张了开来，要在空间摸索着什么似的。最后，他是捉住自己的领巾。我看着他在抖动的嘴唇："莹姐，我真耽心你这个女浪人！"他牙齿好像更白了些，更大些，而且有力了，而且充满热情了。为热情而波动，他的嘴唇是那样的退去了颜色。并且他的全人有些近乎狂人，然而安静，完全被热情侵占着。

出了咖啡店，我们在结着薄碎的冰雪上面踏着脚。

初冬，早晨的红日扑着我们的头发，这样的红光使我感到欣快和寂寞。弟弟不住地在手下摇着帽子，肩头耸起了又落下了；心脏也是高了又低了。

渺小的同情者和被同情者离开了市街。

停在一个荒败的枣树园的前面时，他突然把很厚的手伸给了我，这是我们要告别了。

"我到学校去上课！"他脱开我的手，向着我相反的方向背转过去。可是走了几步，又转回来：

"莹姐，我看你还是回家的好！"

"那样的家我是不能回去的，我不愿意受和我站在两极端的父亲的豢养……"

"那么你要钱用吗？"

"不要的。"

"那么，你就这个样子吗？你瘦了！你快要生病了！你的衣服也太薄啊！"弟弟的眼睛是深黑色的，充满着祈祷和愿望。

我们又握过手，分别向不同的方向走去。

太阳在我的脸面上闪闪耀耀。仍和未遇见弟弟以前一样，我穿着街头，我无目的地走。寒风，刺着喉头，时时要发作小小的咳嗽。

弟弟留给我的是深黑色的眼睛，这在我散漫与孤独的流荡人的心板上，怎能不微温了一个时刻？

（萧红《初冬》）

亲友们的关爱，像一缕冬日的阳光，使她温暖，但父亲的那个家在她心中已成为冰窖，因此她情愿在这冰雪寒天的哈尔滨流浪，也不愿回去，绝不回去。执著、倔强、叛逆，不向封建专制的家长制妥协，这就是萧红。

滴血的翅膀

1

年轻的流浪者萧红，做了一件至今让许多人匪夷所思的事：她与汪恩甲同居了。

你之初为了争取一笔出行的费用谎说同意成婚并去找他，这可以理解，这如今，你怎么又跟他走到一起，甚至同居？

对此，一些研究者记叙到这里，言辞开始闪烁隐晦，想绕又绕不过去，于是笔下有些为难，认为萧红在大是大非上失去了原则，十分不该；也有评论家认为，这是生存法则，当你置身于悬崖边沿时，你的手会伸向任何一棵树或藤蔓；当你落身于大海中时，你不会放弃任何一块木板，甚至一根稻草。陆振舜是个软蛋，李洁吾远在北平，东特女中的同窗们，又不具备搭救的能力，此刻能帮她的，只有汪恩甲。第三种观点，汪恩甲虽距离萧红心中丈夫的标准有不小距离，但彼此毕竟有过感情，汪恩甲喜欢她、爱她，在萧红面前有点俯首帖耳，这一点萧红很清楚。于是在这冰雪严寒之时，汪恩甲成为一团火，虽是弱火而非熊熊火焰，却将萧红吸引过去便成了自然而然的事。还有第四种观点，这是青春的迷惘与错乱。青春期的萧红追求爱情，没有经验，特别又处于现代文明与传统礼教的夹缝之中，岂能不犯错误？犯错误，正常。

其实，人性是复杂的、脆弱的，一个个体生命处于濒危状态下所做的一切努力，所暴露出来的细细碎碎，如用通常的尺子去度量，一定不合规范，大谬特谬。但宇宙万物，人为根本，活着是第一要务；活着，才能求发展，奔美好。因此评判生命状态，一定要贴近、尊重、理解生命的本身，时刻牢记生命个体当时所处于的现状与面对的艰难程度。这一观点如果成立，我们应将它作为看待萧红作此选择的坐标。

2

萧红是 1930 年 7 月去的北平，如今是 1931 年 11 月，与汪恩甲一别一年余，彼此的心理有哪些变化？

在我感觉上，汪恩甲其实一直很想去找萧红，一段时间甚至想跑一趟北平，看她到底是否真的在师大女附中读书。汪恩甲一定去过张家找过张廷举，张廷举的解释肯定都是油光水滑的读书一说。汪恩甲全信了吗？未必见得，心中一定不踏实、忐忑、惴惴。如今萧红回来了，汪恩甲自然是欢喜，立刻有些坐卧不安了。可他大哥汪大澄对张家的无礼一直心中生气，不可能同意弟弟主动上门去找萧红。找什么找？你是个男人，还要点脸面吗？汪恩甲低头无语，只好忍着。爱，有时就是一种苦，汪恩甲此刻就是这样。

萧红与汪恩甲见面时的情形我没有能力想象，也不敢想象，但总的大方向是清楚明白的，即汪恩甲利用他擅长的煽情能力，比如语言、眼泪，最后还少不了下跪，以达到目的。

在男女之间，同居是一种最合理，也最简单的结合方式，它只需接受心灵的契约，甚至只需服从个人的意志，而不受法律的束缚。这种方式很合乎萧红不受羁绊的自由天性，但对汪恩甲来说，则是出于无奈。因为在他父亲去世之后，是他的哥哥汪大澄一掌天下，他不可能同意这个滥情、无原则的弟弟将萧红带入家门。

同居的地点，是哈尔滨道外十六道街东兴顺旅馆。二层楼房，室内全是实木地板，条件很不错，相当于今天的星级宾馆。据说旅馆的老板是汪恩甲义父王廷兰的老友，与汪家交往甚多。

同居之前，肯定有过不止一场不太轻松的谈判。小小的

哈尔滨道外东兴顺旅馆

呼兰装不下萧红，她要飞，飞到高高的天上，飞到遥远的地方，尽管她翅膀在滴血，她仍然要到北平去，到师大女附中去。可汪恩甲只想立刻成婚，他有苦难言的一句是，你整天在外东奔西跑，不时还接触外校的男同学，特别是那个什么表哥在想方设法地勾你，你不跟我结婚，怎么让我心安？这就是他们矛盾的焦点。

于是哭，于是闹，也缠绵，也温情脉脉。日子一天天地重复，但矛盾始终解决不了。

萧红不可能作一丝一毫让步。汪恩甲虽有些懦弱，但在这个问题上也不肯后退。

反复拉锯，无果。

与他同居了，却不能去读书，萧红有一种被骗的感觉。

万般无奈之下，萧红一咬牙，只身去了北平。

3

萧红去北平的车票是陆振舜帮助买的。陆振舜虽然软骨，但一直关心着萧红。这就是人性的复杂之处。

陆振舜立刻联系李洁吾，告诉他萧红已去北平。李洁吾得到这个消息，异常高兴，按照陆振舜所说的时间去接站。可是左等不见，右等不见。后来跑到萧红原来在西巷的那个住处才发现，她已提前回来了，穿了一件新崭崭的貉子皮绒领蓝绿色华达呢面狸子皮大衣，脸上虽苍白，但还有些光彩。

可是踏上北平的土地，萧红却遭受了一个意想不到的打击：师大女附中将她拒之门外。理由很简单，根据《校规》，无故旷课逾一周，自动除名。她已远远超过一周。一个女生，孤身一人在异乡，没有足以为她周旋的社会关系，父母那边又对她实行关门主义，于是死定了。

其实这样的结果萧红应该早已料到。况且即使按时到校，学费哪来？这不是一文两文的小数目，是个沉甸甸的大数字。李洁吾会帮她，可他兜里那两文，杯水车薪都算不上。找其他同学，情况也类似。萧红是个感性的人，很难由一想到二，更不要说想到三，想到四了。她是先往前走，走到哪步是哪步，关键是先实现心中"走"的目标。

读书的目标落空，萧红陷入了巨大的沮丧。

她病了。

李洁吾像一个大哥哥一般过来看她。那天，俩人正坐着谈话，忽然外面有人敲门，耿妈进来对萧红说："有人找小姐。"萧红听了起身出门去迎，没想到那人径自走了进来，和萧红打了个照面。萧红十分惊愕，一时僵僵地站着。那人进屋后，也不等招呼，一屁股在椅子上坐下，一句话也不说。李洁吾正感到奇怪，萧红连忙给他作介绍："这是汪先生。"李洁吾想，汪先生一定是她朋友，就很有礼貌地向他点点头，并自我介绍，他是萧红表哥陆振舜的朋友，萧红刚到北平，他是过来看看她的。汪恩甲可能是听李洁吾说到萧红的表哥，也可能是对李洁吾本身存有怀疑，脸上立刻显出醋意，极不友好地沉默着。过了一会儿，他从口袋里掏出一摞银元往桌子上一摞，就开始用他的右手，漫不经心地摆动起那些银元。一枚枚的银元从他手中自上而下跌落，发出金属叮叮当当清脆的撞击声。然后重新抓起这摞银元，用同样的姿势将它们悬起在距桌面三四寸的距离，继续让它们一枚枚落下。他好像是专门来欣赏这银元的撞击声的。这显然是向李洁吾示威与挑衅了。萧红不知所措，十分尴尬。李洁吾坐在那里更尴尬。他觉得空气凝固了！僵持了一下，李洁吾告辞走了。李洁吾后来才知道，来找萧红的是她的未婚夫。

这是一个很经典的吃醋故事，当中的汪恩甲无可厚非。

爱着，自然会做出各种傻事。完整细致的记录，可查阅李洁吾的《萧红在北京的时候》。

萧红与汪恩甲单独在北平的时候，一定发生了许多事情，比如争吵，比如怪怨——

"你为什么不辞而别，把我一个丢在东兴顺旅馆？"

"北平北平，北平有鬼在勾你呀？"

"你为什么这么任性？有话不能好好说？"

"……"

"你想要我跟你一起来北平读书，那是多大的费用？况且我的小学教员的差事会丢了！"

"哈尔滨也不是不好读书，为什么一定要跑到这大老远的北平？"

"求求你了，回去吧，我的一颗心你应该知道！"

…………

萧红可能什么话也不想说，她只是望着他。

这样的争吵像磨子一般在两个人之间转来转去。对于萧红的固执，汪恩甲一点办法没有，除了好言央求，剩下的可能仍然只是下跪，流泪，作出一连串不着边际、不可能实现的承诺、保证。萧红虽然执著，虽然倔强，但身为女子，又到了这一步，完全已是山穷水尽，汪恩甲确实又是真心地对她，于是想法有了改变，进行新一轮谈判后，便最终接受了汪恩甲的恳求。

4

据萧红的朋友高原回忆，一天他去看望萧红，发现她模样有了变化，没有在哈尔滨时红润健康了，脸上的小雀斑不见了，孩子般的稚气也没有了，整个人较之从前有了不小的变化。他看到萧红房间的墙上挂着一幅男人的头像，觉得新奇。萧红告诉他，是汪先生，她的未婚夫。还说，她就要结婚了。但说的时候，表情很平淡，一点没有快要做新娘的那种幸福和快乐，这让高原感到一种忧郁和压抑。临走的时候，高原偶然抬头往北屋看了看，隔着玻璃窗，发现汪恩甲的头探出来在看他们。

汪恩甲带来的银元用光了，萧红新貉皮领子的大衣也已当掉，再去找朋友同学借贷又觉得无颜，走投无路之下，萧红只得跟着汪恩甲回到哈尔滨，第二次住入东兴顺旅馆。

萧红这一次回来是准备结婚的，可万没想到，汪恩甲的大哥汪大澄却责令汪恩甲与萧红解除婚约。汪恩甲起初不从，一意追随萧红，但在哥哥的高压下，掂量得失，权衡利弊，最终彻底妥协，以回家找钱为由，与萧红在东兴顺旅馆分别，从此杳如黄雀，再无音信。

不甘于平庸，又不得不向平庸屈服；屈服了，可平庸却又把你拒绝，使你连跟着平庸一同平庸下去的权利都没有。

汪恩甲真的是回家找钱未能找到？或者是受屈日久，如今人已得手，一申冤气，来个痛快淋漓的报复？抑或是乱世之秋，因义父王廷兰背景特殊，使他身受牵连，遭遇不测？实际情况到底属于何种，不得而知。但有一条却是铁定：萧红家没有了，做人妻的路断了，从此注定了四海为家，颠簸流浪，一生漂泊……

第三章　一朵花最初开放的理由

文学的启蒙

　　如果要寻找萧红文学上的启蒙老师，并授予特别勋章的话，这枚勋章应该首先授予萧红的祖父。

　　萧红的祖父张维祯，早年受过良好的私塾教育，有较好的中国传统文学基础，《宗谱书》上说他"幼读书约十余年"。从各种资料对他的介绍看，他热爱自然，淡泊名利，为人不俗，富于爱心，饶有生活情趣。一度萧红为了逃避父母的管束，闹着要搬到祖父的房间住。跟祖父到一起后，祖父就教她念诗。关于萧红与祖父学诗的故事，萧红曾作过细致的描述：

　　　　祖母死了，我就跟祖父学诗。因为祖父的屋子空着，我就闹着一定要睡在祖父那屋。

　　　　早晨念诗，晚上念诗，半夜醒了也是念诗。念了一阵，念困了再睡去。

祖父教我的有《千家诗》，并没有课本，全凭口头传诵，祖父念一句，我就念一句。

祖父说：

"少小离家老大回……"

我也说：

"少小离家老大回……"

都是些什么字，什么意思，我不知道，只觉得念起来那声音很好听。所以很高兴地跟着喊。我喊的声音，比祖父的声音更大。

…………

每当祖父教我一个新诗，一开头我若听了不好听，我就说：

"不学这个。"

祖父于是就换一个，换一个不好，我还是不要。

"春眠不觉晓，处处闻啼鸟。

夜来风雨声，花落知多少。"

这一首诗，我很喜欢，我一念到第二句，"处处闻啼鸟"那"处处"两字，我就高兴起来了。觉得这首诗，实在是好，真好听，"处处"该多好听。

还有一首我更喜欢的：

"重重叠叠上楼台，几度呼童扫不开。

刚被太阳收拾去，又为明月送将来。"

就这"几度呼童扫不开"，我根本不知道什么意思，就念成"西沥忽通扫不开"。越念越觉得好听，越念越有趣味。

每当客人来了，祖父总是呼我念诗的，我就总喜欢念这一首。

那客人不知听懂了与否，只是点头说好。

（萧红《呼兰河传》）

萧红小时候跟祖父学诗，虽懵懂无知，十分顽皮，无法领会诗的深义，但这是一种启蒙。有些句子她不是觉得好听吗？这已经起到作用了，诗歌的音乐美吗？句子不懂不要紧，但耳熟能详，慢慢记住了，不光能背给祖父听，还当成教育成果，在祖父的熟人朋友来玩时进行展示。展示了，大人们肯定会夸奖，这夸奖，便是诗歌给她带来的荣誉。再大些，上学了，识字了，再看唐人绝句，再看《千家诗》，想到祖父之前的教导，一点点就懂了。

小苗最初冒芽，自己是不知道的。萧红小时候喜欢一个人待着，在后园里看花，看草，看蝴蝶，看天空的云霞，晚上坐在草地上看星星，春天看旷野上的树，冬天看窗外飘的雪花。这不仅仅是因为父母的淡待使她作这样一种逃离，更缘于一种心境—— 一种求美的心境，一种耽于幻想的心境，一种文学的心境。她在看花的时候，那花其实就是诗了，她久久凝注着星星，凝注着变幻的云彩，那星星与云彩就是诗了。诗不仅仅写在纸上，而且写在天地间、自然中，鲜活而又生动。据此，我们是不是可以说，童年的萧红因为祖父的引领，在她面对风花雪月的时候，她的文学之路已然启航？

顺着这一脉络往下看，萧红因为有早期读诗的底子，到高小时，她的作文水平已是出类拔萃了。一次呼兰大雨，不少地方积水二三尺，洪水冲倒了好些房屋和围墙。有一家穷人，因为大水淹到门口，父亲抱起小儿逃命，不幸滑入大水坑双双淹死，丢下一个寡妇，十分凄惨。不几天，刚巧老师出了一篇作文《大雨记》，萧红把呼兰的这场大雨作了细致描绘，特别写了大雨给穷苦百姓造成的灾难，对父子双双淹死的不幸寄予了深切同情。这篇文章是用文言写的，老师看了拿到班上当范文作了评讲。

萧红进中学后，文学的才能更是不断得到显示，写的诗与散文屡屡上校刊与黑板报，在同学们当中引出一个个小惊雷。

因此，可以说，是祖父最初把萧红领进了文学的殿堂，他把一粒诗歌的种子播入萧红的心田，使她在后来的日子里得以萌发，最终写出《王阿嫂的死》《商市街》，写出《生死场》《呼兰河传》等一批优秀之作，从而成为一棵参天之树。

基于此，我们可以说，如果对萧红的文学启蒙老师发放勋章，那么，这第一枚勋章应该非萧红祖父莫属。

世界是一本大书

1

如果不是抗争，萧红在她高小毕业后，就应该结束她的学子生涯，与东特女中今世无缘。

如果不是抗争，萧红可能在她二十岁那年就会嫁为人妇，早早地走上相夫教子、侍奉公婆的传统老路。

可是，不。

这个四五岁时就大胆地用小手指将祖母糊上的新窗纸戳上一个个窟窿的萧红，这个敢于像男孩子一样爬树上屋打枣子掏鸟窝的萧红，这个喜欢看云彩，把云想成马、想成狗熊、想成宫殿，天黑了不归家仰对星空耽于幻想的萧红，她不可能走一条平庸的路。

她从家挣脱出来，从呼兰挣脱出来。

呼兰河，虽是一条故乡的河，但毕竟不是大江，更不是海洋呀。

跨过高高的门槛，擦干眼泪，萧红一脚跨进了哈尔滨。

然后，又一脚跨入了北平。

2

走在哈尔滨的大街上，萧红才知道，呼兰原来是个弹丸小镇，是个土疙瘩。

噢，哈尔滨是一个老牌殖民地大都市，东北地区政治文化的重镇，东方文化与外来文化交汇的熔炉。1903年中东铁路全线开通，许多国家和地区的侨民纷至沓来，建工厂、开商号、立宗教。外国大小银行、商社进驻2000多家，40多个国家与地区与她建立商贸联系，19个国家在这里设有领事馆。俄国十月革命后的逃亡资本，又给她注入了新鲜血液。这一切，使哈尔滨成为仅次于上海的一座国际性大商埠。

她是一座教堂之城，因为这里有无数座尖顶的、圆顶的，窗户上镶着不同颜色玻璃的天主教、东正教、伊斯兰教教堂；

她是一座使馆之城，因为这座飘着各式各样旗子的小洋楼里住着许多国家的领事；

她是一座建筑之城，因为这座有被后人称为西方建筑博物馆的中央大街……

而且，这里是东北地区新思想新文化的滥觞之地，民主，自由，民族，团体，传统中学，西方文化，启蒙主义，个性解放……一切的一切在这里交汇、碰撞，激起浪花。

走进哈尔滨，萧红接受新知的第一课，不是东特女中的课堂，而是在哈尔滨的大街上。

一座城，就是一本书，一本丰富厚重的大书。

萧红喜欢这本书，她用心地将她一页页阅读。

3

萧红所进入的东特女中，是哈尔滨的一所一流的女子贵族学校。

一流的学校，有一流的教育理念，一流的人才队伍。语文老师王荫芬、历史老师姜寿山、图画老师高仰山，都学富五车，术有专攻，是享誉一方的精英翘楚。他们的传道授业使萧红与她的同学们汲取到知识甘泉。他们丰富的学养，高雅的素质，颖悟超凡的智慧，尤其是他们在各自不同道路上砥砺积淀下来的纯度极高的人生经验，对心灵正处于成长期的萧红，都是极为重要的蛋白质与钙；课上课下，无时无刻不对其性格与心理发生着潜移默化的作用。

在哈尔滨，萧红曾经与同学们一起参加了以"11·9反帝护路运动"为主的一系列活动，不断游行、罢课、演说，将政府的办公楼紧紧包围，在棍棒与枪弹中奔突。曾与最要好的同学沈玉贤在宿舍里写"打倒日本帝国主义""日本鬼子滚回去"等标语，夜里到街上张贴。

> 那时我觉得我是在这几千人之中，我觉得我的脚步很有力。凡是我看到的东西，已经都变成了严肃的东西，无论马路上的石子，或是那已经落了叶子的街树。反正我是站在"打倒日本帝国主义"的喊声中了。
>
> （萧红《一条铁路底完成》）

铁蹄踏破了国人的血管，血在喷涌、燃烧。在这激情燃烧的岁月，萧红接受了一次爱国的洗礼。

萧红在东特女中读书期间，作为国际大都市的哈尔滨正值东北政局动荡不断、日军铁蹄践踏的时代，"国破山河在，城春草木深"本来只是课堂上诵读的句子，萧红如今有了切肤的体会。民族、国家、正义、崇高，如礁石一般矗立在心中。这使萧红始终感受着社会思潮的影响，民族意识、国家意识、爱国主义激情，都得到了激发。同时，学生运动使她感受到了集体的力量和温暖，它对萧红来说，远远超越了亲情的范畴，指向着更宽阔更宏大的方向。

这段时期对于萧红至关重要，因为它是她的心灵成长期、世界观的形成期。

4

二十岁那年秋，为了自由与爱情，萧红一步跨入了北平。

北平，五四运动的发源地，新文化运动的中心，它是一个新天地，让萧红看到了更为广阔的世界。

住的是二龙路西巷的一处蜗居，但在精神层面上，这里却是一片开满鲜花的绿野。一批来自四面八方、富于知识、思想新锐、胸怀抱负的莘莘学子，经常聚集在一起，交流、畅谈、争辩，像一道道从山峡里奔出的急流，又似一撮撮在荒野上燃烧的野火。萧红融入其中，经受着冲击、烧炼，与春天的树一同呼啦啦蹿高。

呼兰——哈尔滨——北平，三座城，三个地方，萧红登上金字塔最初的三个台阶。

5

孔子"登东山而小鲁"，萧红非孔子，但也有类似的历程。

萧红的"鲁"是什么，是呼兰；"东山"则是哈尔滨、北平。

文学需要境界，需要高度。山里看山，山只是山，那不是文学。进入文学，固然要掌握基本的技能，比如语言，比如叙述技法，但更重要的是一颗心，一颗既同于常人又与常人有别的心。心的养成，除了书本，更要靠书本以外的东西，比如乡村、自然、城市、一个人、一群人、一段充满血泪的经历，等等。

经过哈尔滨东特女中的两年和北平的一段特殊生活，萧红的人生不是上了一个台阶，而是几个。她除了作文能力、英文水平、自然知识、女红手工有了提高外，更重要的是"心"比以前大了，看世界的眼光比以前开阔了，准确了。回望一下远在北边的故乡，她只觉得，那已不是原初的样子，天虽然还是那天，蓝得有些让人发呆，但当中一定有了一些别的成分。天是这样，人呢？街道呢？那些跳大神捉狐仙飞短流长的事呢？更是。

文学需要一种境界，这境界是一座高峰。萧红已开始不自觉地积聚攀登这座高峰所需要的能量。

美术成为重要的推手

　　东特女中老师对萧红的成长影响很大，其中影响最大的一位是美术老师高仰山。

　　高老师的名字取自《诗经》中的"高山仰止"，可见父母对他寄予的厚望。高老师丝毫也没有让父母失望，他的成就足以令他们骄傲。中学时代，他以超常的绘画天赋在吉林美术界崭露头角，后毕业于刘海粟执掌的上海美专造型美术系西洋美术画科。他酷爱绘画，造诣深厚，以水彩名于世，一生从事教育工作，培养出不少杰出人才。他博览群书，淹通文学，教美术绘画的同时，也教国文，翻译出版过《零露集》，著有《孟子评传》传世。

　　萧红幸运的是，高仰山成了她的美术老师。

　　萧红自小喜欢画画，对美术老师自然有所偏爱。上课铃响了，高老师西装领带，夹着画册，身子很挺拔地向教室走来。萧红隔着玻璃窗看过去，觉得高老师的样子就很美术，养眼舒服。萧红在班上写生能力强，画的无论是静物、风景，还是人物，都非常好，曾不止一次受到高老师的夸赞。

萧红跟着高老师，第一年学铅笔画，第二年学水彩，第三年学油画。三年级这年，她迷恋郑板桥的书法，细致琢磨结构布局。她还大量搜集各种绘画资料，经常侃侃而谈自己的美术理想，想成为一名中国的女画家。休息日，她经常由高老师带着，背着画夹，带着干粮与

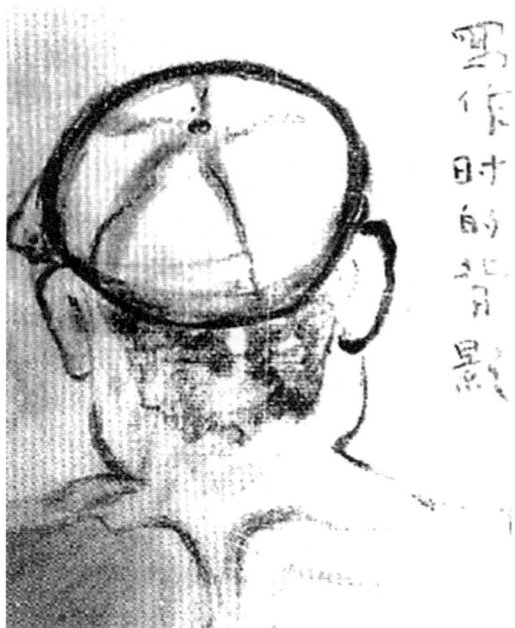

萧红画的第一张速写

水，跟美术小组的同学一起到松花江边写生。江水奔流，夕阳如灯，鸥鹭翔集，白帆片片，远处一撮烟树如梦如幻。萧红让这一幅幅景象走上画册。夏日的一天，高仰山老师给同学们布置毕业测试作业，要求画一幅静物画。高老师在教室里布置了好多静物，有蔬菜、瓜果、花卉、瓶子、罐子、玫瑰。同学们都选择不同的内容动起了画笔，可萧红什么也不选，她跑到老更夫那里，借了一支黑杆的短烟袋锅和一个黑布的烟荷包，又搬来一块灰褐色的石头，把烟袋和荷包放在石头边上，认真地画起来。有同学不理解，问，这是什么意思？她说："这是劳动者，他们干活干累了，坐下来吸一袋烟。"高仰山看了她交的作业，很欣赏，觉得它不仅有表现力，而且富于思想与创意，把她单独叫到办公室，问了她构思的过程，给予了夸奖，最后说："这么优秀的作品应该有一个名字，你怎么不给它起呀？"

萧红受到鼓励，脸红扑扑的，笑道："我想了，总觉得不好，没敢往上写。"

高仰山凝神想了想，挥笔给它写了六个字："劳动者的恩物。"

萧红细细一看，高兴得直拍手，敬佩老师的才能。这六个字，把她内心的想法全表达出来了。

萧红和高仰山老师的交往，对她世界观与人生观的形成具有重要的作用。这段时期，萧红沉迷于小说，课间看，回到宿舍看，有时在手工课上还偷偷翻几页。高老师一次在行间巡回，看到她抽屉里有小说的书角露出。之后一天她跟同学到办公室交美术作业，高老师叫住她问："我看你挺喜欢看小说，是吗？"

萧红点点头。

高老师问："都看哪些人的小说？"

萧红犹豫了一下，望望旁边的沈玉贤，就说了张资平与叶灵凤。

高老师听了，大摇其头，连连咂嘴道："你们干吗要看他们的书？那些没意思的东西是专供吃饱了闲得慌的太太小姐们看的，你们看它，纯粹白白浪费时间。"

萧红大胆地问："依高老师看，我们应该看哪些？"

高老师首先向萧红推介鲁迅，《野草》《狂人日记》《阿Q正传》，这些作品一定要好好地读。除了鲁迅，当代作家中还有郭沫若、茅盾、徐志摩、郁达夫，都比张资平、叶灵凤好一百倍。国外的就更多了，普希金、雨果、莎士比亚、歌德、托尔斯泰，等等，都是一流的。高仰山还从自己的藏书中找出一些优秀的文学作品借给萧红。在高老师的指导下，萧红和她的同学们经过一段时间的阅读，开阔了眼界，提高了品味，明白了优秀的文学作品是作用于人的灵魂，是能提振人的精神的。

这之后，萧红开始进一步接触五四以后的新文学成果。

到了节假日，家住市内或附近的同学都纷纷回家，萧红却往学校图书馆跑，还书、借书。萧红暗暗不满的是，校图书馆一次为什么只借三本，不能借五本、十本哪？同学回去了，宿舍安安静静，一个人躺在床上看书，多好！古人说的沉浸酿郁，含英咀华，萧红算是体会到了。阅读中，她觉得自己心潮高涨，两眼放光，世界变得新颖奇异。不停地读，不断地读，她对高仰山老师向她推荐的那些作家的作品几乎到了痴迷的程度。有好几次，因为忍不住在课堂上偷看小说，被老师发现，书被收去，叫起来罚站。严重的一次，还被叫到校长室，受到了严厉的批评。

在高老师的影响下，不光萧红，班上还有好些同学爱上了文艺，共同的志趣使她们经常聚在一起交流畅谈。这些同学中，萧红与沈玉贤、徐淑娟最为要好，她们一同看鲁迅、看郁达夫、看郭沫若，交换《狂人日记》《复仇》《浮士德》。她们还一同背诵中国古典叙事长诗《琵琶行》《长恨歌》《孔雀东南飞》。她们对鲁迅先生十分崇拜，对鲁迅作品中一些著名的章节，能大段背出。比如，萧红才背出《秋夜》中的一句："在我的后院，可以看见墙外有两株树，一株是枣树……"，沈玉贤跟徐淑娟立刻就声音朗朗地接着下一句："还有一株也是枣树！"

艺术是相通的，苏轼评王维的画，"味摩诘之诗，诗中有画；观摩诘之画，画中有诗"，充分道明了绘画与文学的关系。历史上文学家同时又是画家的例子很多，唐代的王维，宋代的苏轼，元代的王冕，明代的唐寅，清代的郑板桥，现代的闻一多，当代的冯骥才……都是这样。美术与文学一辆是马拉车，一辆是牛拉车，它们走的是同一条路。萧红喜欢美术，热爱绘画，并曾有过做女画家的梦。即使后来她在文学上成名了，也没有放弃做画家的梦想。她的成名作中篇小说《生死场》，长篇小说《马伯乐》，封面都是自己设计的。她在给萧军的信中说："我对于绘画总是很有兴趣的，我想将

1935年，《生死场》出版时萧红自己设计的封面

来一定要在那上面用功夫的。我有一个到法国去研究绘画的欲望……"在日本期间，她曾专门给鲁迅买过画。不一般的美术实践，培养了她的观察力、想象力、创造力，使她明白了美的真义，寻找到了表现美的路径。这一切，无形地助推了她最初文学的发轫，对她早期文学创作起到了促进作用。高仰山老师在绘画上功力深厚，又有着极深的文学素养，这在他本人是顺理成章的事，对于萧红则是一种幸运。高老师可贵之处在于，他并非抱着满腹的美术与文学的经纶仰对天宇，或自娱自乐，而是热心地伸出那双大手，引领着萧红一步步走向美，走向艺术的高地，努力让一朵小红花的梦灿烂开放。可以说，在中国现代文学史上虽没有高老师的名字，但他作出了杰出的贡献。我们应该对他表示感谢，并永远记住他！

第一次使用"悄吟"的笔名

通常的观点是，萧红的文学实践始于"东特女中"。这么说肯定是对的，因为这有见诸文字的记载。但文学就一定要见诸文字吗？未见诸文字的，比如鲁迅先生曾经说过的远古时期"嘿唷嘿唷"派的即兴之作，是不是文学？如果这是早先诗歌萌芽的话，那么应该说，萧红的文学实践开始的时间比在东特女中读书的时间早得多。早到什么时候？早到她的童年，早到她屁颠颠地跟在祖父后面，在后园里戏乐。张家后园多的是花花草草，这些花花草草就是她最早的文学。她对着它们细细地看，凑到鼻尖上闻它的香，簪到头上，装入口袋，用母亲用的针线匾里扯来的线扣起来悬在床头，这其实就是一个孩子初期的文学实践。孩子的文学实践是最纯粹的，最接近文学的本质。当她看云的时候，她就写云；当她看树的时候，她就写树；当她看星星的时候，她就写星星。

她的写是纯美的，绚烂的，若梦若幻，如同仙籁。她还太小，她不能用笔用纸，因此，她就直接写在云上，写在树上，写在夜空中。

写了，没有发表，所以你不知道。

现实意义上的文学实践，萧红确实始于"东特女中"。

校里有作文课，每次老师把习作题目写上黑板，萧红都是跃跃欲试。读的文学作品多了，血管就有些贲张，觉得两个星期作一次作文不够，于是自己另外又写，写诗、写散文。想写什么就写什么。写顺了写得快活了，哗啦啦一口气写几页。有时也简约，就几行，一两句，也尽兴。

有表现就要有舞台，学校给大家提供了两个阵地：一个是校刊，一个是黑板报。校刊是油印的，主要刊发学生习作，有诗、散文，偶尔还有小说。刻钢板的是一位年纪较大的先生，字不大，很娟秀。一些诗与散文还配插图，一棵兰草、一张枫叶、一片云。黑板报在花圃对面的长廊下，不很宽，但很长，比教室的黑板长多了，出报的人用彩色粉笔把它分成三四个方阵。较之校刊，黑板报更自由、更随意，大家轮流执政。谁出，谁编，这就有了竞赛。板面活泼好看，五颜六色是一方面，更主要的是要有好内容。那段日子，萧红成为大家抢手的主笔。她能写，作文常被老师做范文在班上读，佳作还不止一次上了校刊。上校刊这是很高的荣誉，校里多少人看哪。不光校里看，据说还拿到外面交流，了得！

萧红在校刊上发表的第一篇作品是一首诗，叫《吉林之游》。那是初夏，学校组织大家到吉林旅游。大家兴奋哪，因为一个个都没有出过省。到了吉林，她们最高兴的是爬山，一颗心整个地和大自然融合在一起，一个个兴奋极了，又是唱，又是跳。有人因为要离开大家往树林里去，发生了争吵。萧红见她的好友沈玉贤挺安静地坐在树下画速写，走过去一看，快乐地说："好好画，画好了我给你题一首诗！"沈玉贤画好，拿着速写本找萧红，萧红真的给她写了一首诗，内容是："以前／我们都是很要好的朋友／为什么在北山上却你争我吵？／啊！／原来是爬山爬累了！"文句很稚拙，但因为准确地反映了当时爬山时同学们的状态，写实中又不乏情感，老师决定回去后在校刊上发。

校刊上要发萧红的诗了，萧红没有想到，非常高兴。

要用笔名吗？

用一个！

萧红还只是个学生，写一点文字只是孤芳自赏，闹着玩玩，就叫"悄吟"吧，悄悄吟诵的意思。自己只是个小芽芽，渺小得很吗。

于是第一次就使用了"悄吟"的笔名。

苦难成为一种有机肥料

古人有"穷而后工"的说法，杜甫在《天末怀李白》中感叹"文章憎命达"，都说的一个意思。萧红可以说够"穷"的了，够不幸的了。九岁丧母，二十岁被强行订婚，为了追求自由与真爱，摆脱封建家庭的桎梏，踏上一条流浪的路，一路血泪地走下去，走下去……这是人生的一种大苦难，大不幸，令人不禁哀惋兴叹。可是换一个角度，若以文学观之，这大不幸也是一种大幸，因为苦难是一种肥料，没有这些肥料，一朵花就不可能迅速开放，纵绽开蓓蕾，也很难如此娇艳，如此诱人。

1931 年 1 月，在北平经历了半年逃亡式抗争的萧红回到呼兰，父亲不久就把她送到巴彦县的老家福昌号屯，开始了乡村囚禁的生活。没有自由，没有阳光，空气是凝固的，到处是冷眼、猜疑与监视。在福昌号屯的七个月，对萧红来说无异于炼狱，但就是这炼狱，却给她上了人生重要的一课。

福昌屯号是一个典型的东北农村旧式传统庄园，萧红的叔叔伯伯们是这庄园的地主。在这里，萧红看到了贫穷农户要求减租的情景，斗胆劝大伯父不要增加地租，不要削减长工工钱。大伯父听了十分来气，立刻将她一顿训斥。萧红不服，与大伯父抗辩。大伯父更加来火，把她关进空仓库，不给吃饭，不让睡觉，并立刻派人去阿城给萧红的父亲打电报，要他回老家处置女儿。这场冲突表面上看是伯侄之间的矛盾激化，其实背后是地主与农民这两个阶级的冲突。

福昌屯号是一个不大的天地，但中国社会的根本性矛盾却在这里有着集中的展示。被监禁的七个月里，萧红认识了不少佣人与做农活的长工，衣冠楚楚却灵魂卑贱的男女，她感受到了穷苦劳动者的艰辛，以自己的叔伯为代表的地主阶级的苛刻。土地、粮食、劳动、血汗、生命、利益、权力、自由、物质、灵魂、礼仪、风俗、生死、哀乐……这些纷繁杂乱的意象，交织在她的记忆里，一天一天地刺激她、感动她，激发她去思考、归纳、抽象，得出一个个结论。就在她被监禁的七个月里，福昌号屯附近几个村子成立了黄旗会、黑旗会、红旗会，它们都是民间抗日的组织。红旗会有数百人参加，声势不能算小。这支队伍在路上遭遇了土匪，双方激战，死掉百余人。装运尸体的大车驶过福昌号屯，引来无数惊恐的目光。萧红纵然不能亲眼目睹，但之后听人说起，一定是血流加速。这种特殊的经历不可能轻易过去，它会在萧红的血液里沉淀下来，再又耸起。萧红后来写作的《生死场》，当中对抗日斗争的描写；小说处女作《王阿嫂的死》中叙述的王阿嫂一家，在地主的剥削压迫下痛苦挣扎，最后家破人亡的故事；以及小说《夜风》中对地主削减雇工工资细节的描述，都是缘于这一段生活的积淀。

在福昌号屯，萧红精神上是蒙受了霜雪，但如果没有这段经历，她的世界的构架可能会发生一些变化，她的文学创作中有关基层穷苦百姓生活的艰窘及其与地主阶级斗争的内容，就有可能失去，纵有表现，也因缺少坚实的现实土壤，而苍白无力，一角坍塌。

除了在福昌号屯七个月的特别生活，萧红还有好些像刀子一般刻在心上的疼痛的记忆。小时候因身为女孩，不被重视，而弟弟却被家人左拥右抱、宠爱有加，萧红稚嫩的心灵受到了刺激。这在心上有茧的大人不算什么，但对于幼小的萧红，就是苦难，就是生命中忘不了的痛。九岁，母亲见背；十九岁，这世上最疼爱她、关心她、保护她的祖父撒手西归。苦难接踵而至，使她过早面对爱与恨、哀与乐、生与死、幸与不幸……

为了追梦，萧红第二次逃往北平，经受了贫穷、饥寒、孤独、歧视，从肉体到灵魂承受着各种各样的重压，这使她对人，对生命，对这个每天日升日落的世界，有了更切肤而细致的感受。

对人性直接的领悟，对生命最柔最弱底部的触摸，使她在后来的创作，特别是散文方面，形成一种特别的潜质：真切，细腻，富于质感，令人心动。

苦难的天空不时也有一束束阳光射下，照亮萧红的灵魂。1932年至1934年，哈尔滨的"牵牛坊"，云集着一批从事不同文艺形式的先进人士，当中有塞克、金剑啸、舒群、罗烽、白朗、姜椿芳、方未艾、唐达秋、白涛、金人、温佩

"牵牛坊"主人冯咏秋手绘萧红漫画像

筼、杨朔等。此外还有一些职员、老师和学生。他们多为青年，其中有中共地下党员、爱国人士、民族主义者、自由主义者，等等。他们聚在一起，谈论文艺、写诗作画、唱歌跳舞、朗读剧本，阅读讨论鲁迅、高尔基、果戈理，时常对人生、国家的未来进行讨论，有时还争得面红耳赤。萧红大约是在1932年底进入这个左翼文化人的圈子的。与他们的交往，参加他们的活动，对萧红形成文学创作的潜能具有重要作用。事实也正是这样，时隔不久，萧红写出了她的第一篇小说《王阿嫂的死》，刊发在1933年元旦《国际协报》新年增刊版上，引起了圈内外人的注目。

这时萧红远不知道，"悄吟"只是暂时的，野百合一旦开

梁山丁、罗烽、萧军、萧红合影

放，也能比得上玫瑰的灿烂。如今刊发的是《王阿嫂的死》，不久的将来，她将有《跋涉》《生死场》《商市街》《手》《小城三月》《回忆鲁迅先生》《牛车上》《旷野的呼喊》《呼兰河传》等一大批作品，如雨后春笋般涌出。"悄吟"已不再是悄悄地吟，它已日渐悦耳，走向宏大，成为一种稀世妙音。

第四章　爱与泪（上）

春　曲

2013 年 1 月一个落雪的午后，我在哈尔滨寻找东兴顺旅馆的遗址。萧红受难之日，曾先后两次入住该旅馆。这里既是她昔日那张饱经风雨、千孔百疮的陈旧风帆坠落的地方，也是她向蓝色未来起航的新码头。"东兴顺"是个吉祥的名字，当年一定颇费了店老板的一些脑筋，如今对入住此店的萧红，冥冥中是否具有一种象征，一种暗示？

东兴顺旅馆的原址，在哈尔滨南里十六道街，门庭不知何时作了改换，今天挂牌"马克威商城"，是哈尔滨的一个服装批发中心。赭红色的墙体，楼高四层或者五层（我没有进去，不能准确判断），开阔的大门带有半圆的弧度，整个建筑属于典型的欧式风格。

同行的友人邀我进去，我走到门下，掀开皮帘往里看看，又退出。我不想进。我是带着一种心情来的，我怕进去损害我的心境。

我说，你们进去吧，我想在外面转一会。

于是我一个人留在外面。

1932 年 7 月，对于萧红来说是个煎熬之夏。汪恩甲说回去筹钱，居然一去不复返。萧红此刻已怀上你汪恩甲的孩子你总该知道的吧？知道了，怎么可以跑掉？纵然遇上天大的难处，你爬也得爬回来。万般无奈之下，萧红想到了陆振舜。陆振舜对她是有情意，但却患有软骨症，一向雷声大雨点小，根本没有挺身搭救的能力，属男人当中"小"的那一类。

萧红这时也很清楚，在她的背后，过了松花江不远，就是她的家，呼兰。那里有温暖的大炕，有喷香的饭菜，还有好一些家人。她如果低着头回去，对父亲流出眼泪，放低姿态，承认错误，最后再做出真心的保证，那个家最终是可以接纳她的。可如果这样，那还是萧红吗？不是。既然出来了，就绝不回头，这才是她。

我流连徘徊在马克威商场门口，眼望着高处敞阔的大玻璃窗，脑海中出现一组类似电影蒙太奇的画面——

天已黄昏，东兴顺旅馆靠阁楼的一间小屋里灯没有开，光线显得昏暗。萧红放下那张几天前的《国际协报》，侧仄着因怀孕而日显笨重的身子坐在椅子上，小小的窗户透进来的一抹天光打在她脸上，她的脸是苍白的，苍白里蕴含着焦躁、恐慌和无奈。就在这时，外面深长黑色的楼梯过道里，传来旅馆老板与茶房的对话：

"要你去跟她说，说了吗？"

"说了，刚才说的。可她身无分文，又大着肚子，我也拿她没办法。"

"又是吃，又是住，欠下四百块，是四百块呀！"

"那男人把她往下一撂，也太不像话了。"

"你给我看紧些，别让她跑了。"

"我晓得，门都是一步一锁的，跑不了的。"

"再等三天，没有钱来，我把她卖到妓院去！"

"……"

就在这万般无奈之下，萧红给哈尔滨《国际协报》的副刊主编裴馨园寄出了一封十万火急的求救信。萧红之所以想到《国际协报》，是因为她喜欢这份报，上面的副刊经常刊发一些富有真知灼见的文学青年的佳作，被誉为"东北作家的摇篮"，特别是副刊裴主编每期亲笔撰写的一段针砭时弊、激浊扬清的时评，让萧红十分受益。这份报纸在萧红心中是一座高原，一片圣土。就在前不久，她还大胆地给它投过一首短诗。萧红在这封十万火急的求救信中，含泪陈述了自己不幸的遭遇，特别是如今时刻面临被卖入妓院的危险，恳望编辑先生伸出同情之手，将她救出火坑！信中还说了"我们都是中国人"一类激愤的话，可谓字字血，声声泪。裴馨园富于正义感和人道主义情怀，读信后颇震惊，很快带人去看了，但面对四百元的债务他也头疼，回来只得召集一帮进步的文学青年研究对策。可文化人舞文弄墨一流，解决这种需要花大把大把银子的事，却有点黔驴技穷。当时萧军也在其中，他的文学才华与办事能力使裴馨园对他特别偏爱，请他帮着编稿，每月发给二十元薪水，并邀他在家食宿。萧军在江湖上走过几年，经历特殊，有些老谋深算，以为萧红是无数落难女子中普通的一个，有点见怪不怪，不当回事，面对同道们的围攻，干脆直言不讳地表态："对不住，我是一个典型的

聚集在《国际协报》周围的一群文学青年
（左起：萧红、萧军、金人、舒群、黄田、裴馨园、樵夫）

无产者，唯一富有的就这一头乱七八糟的毛，想来个英雄救美，可真没那个力。"说着就转身去了，态度很有些消极。萧红当然不知道这情形，其实即使知道，萧红也不会怪他。萧军就是这么一种风格，君子坦荡荡，不藏藏掖掖，像一块土疙瘩，粗糙，但真实。

第二天，也就是 7 月 13 日，裴馨园又接到萧红电话，请求裴主编送一两本书给她，以解一时精神饥荒。裴馨园没有空，办公室里只有萧军，就安排他去。萧军出于无奈，只得奉命行事。

外面楼梯走道里响起一阵有力的脚步声，接着是一个陌生男人与茶房说话，茶房似乎有些阻挡，不乐意陌生男人进来，陌生男人的声音粗糙、急促，有些不耐烦。萧红心口"噗通噗通"急跳，暗想，这是谁呢？汪恩甲与陆振舜都不是，他们的嗓音没这么粗壮，是东特女中哪位同学的哥哥或男友？这些天她是向她们发过信，比如徐淑娟、沈玉贤。反正她没有想到是《国际协报》的人。裴主编是位先生，讲话不是这声音，此外来过的两个，也都斯文有礼，不这么讲话。

门是在外面被锁着的，怕萧红逃。茶房"咯笃咯笃"开锁的时候，那个陌生男人发出责问：

"你们太过分了，怎么把她锁着？"

门一下推开，推门的不是茶房，是一个身体结实、长头发、方脸、高鼻、个子不高的男子（我从未见过萧军，我对萧军的这番勾勒，是基于我见过的大量萧军的照片与若干对他形象描述的文字。照片中给我印象最深的有，1925年与方未艾摄于吉林江南公园的那张，1934年与萧红离开哈尔滨之前的两人合影，1936年在上海万氏照相馆与萧红、黄源的合影，当然还缘于我对他的心理认知）。

萧红在囚笼中关了好多天，精神有些错乱，当时全不知道自己是怎么从窗口位置上站起来的，怎么应答说话的，之后听萧军向她描述了才知道，当时的自己有些不堪入目。昏

1925年，方未艾与萧军合影

1936年，黄源、萧军、萧红合影

暗的灯光里，萧军看到一个模糊的女人的身影，长长的头发有些零乱地披在肩后，一张苍白板滞的脸嵌在头发中间，身上穿了一件褪了色的蓝色单长衫，"开气儿"到了膝盖上面。小腿是光的，脚上趿着一双变了形的女鞋。最让萧军暗暗吃惊的是，那微微散乱的头发里，竟有一两根虽不明显但让灯光照得一闪一闪的白发，还有那微微突起的肚子，十足一个孕妇。

萧红当时绝对想不到这个人会成为她生命中最重要的人。她看着他，只是觉得他跟前两天随裴主编来的其他几位年轻人不同，他身上有一种浓烈的热乎乎的气息。这气息很特殊，就像此刻窗外扑进来的夏日的空气打到她身上。但此刻的萧红不可能去细细体会，她的整个注意力都集中在萧军递给她那封信上。到底怎么救我？谁来救我？欠的四百元怎么办？怎么让贪心的老板放我出去？信是裴馨园亲笔写的，萧红很迫切地想从信中读到这方面的内容。萧红看了信不由惊愕，这个嗓门粗大的青年竟是三郎，十分惊诧道：

"请问你真的就是三郎先生？"

萧军觉得奇怪，望着她。

萧红可能觉得这么说话有些失礼，连忙接下去说：

"我，我刚刚读完你的文章！"

说着抓过桌上的《国际协报》，指着上面的一篇文章：

"看，就它！"

萧军望望报纸，知道上面有自己的连载小说《孤雏》，朝她点点头道：

"是的。"

萧红有些激动，《孤雏》她细细读了，看完全文她回到前面看作者的名字，三郎，这个名字她熟悉，因为他的文章很让她喜欢，她曾猜测过这个三郎是什么人。就冲这名字，她觉得应该是个留着仁丹胡子的日本人，年纪不应该很大，西装，头皮梳得锃亮，脚上是火箭式的皮鞋。可怎么也没有想到，三郎竟是眼前这副样子：褪了色的旧学生服，不擦油的鞋子，蓬乱的头发，一个一无所有的流浪汉的形象。

萧红见萧军将带来的书丢下准备走，本能立刻提醒她不能就这么结束，应该尝试着寻找一下出逃的机会，连忙对萧军挽留：

"我们再谈一谈……好吗？"

萧军犹豫了一下，回身重新坐下：

"好的，你说吧。"

萧红当时一定感觉到了萧军例行公事式的淡然，但一向自尊的萧红这一刻一点没有生气。生什么气呀？人已落到这步田地，像个正常人那样活着都困难，受点委屈算什么？况且，人家是响当当的文学青年，报上动不动有大作发表，有点傲慢也很正常。萧红不仅没有生气，相反一五一十向萧军叙述起自己不幸的遭遇。萧军漫不经心地将散落在床上的几张信纸拿起来看看，发现上面画了一些图案式花纹，还有依照《郑文公》体写的一些字，不解地问：

"这是谁画的？"

"我，被锁在这里度日如年，打发时间的。"

"字呢？"

"也是……"

"你学过《郑文公》？"

"还是在学校时学的……"

萧军又看见一张纸上有一首用铅笔写下的字迹工整的短诗：

那边清溪唱着，

这边树叶绿了，

姑娘啊！

春天到了！

萧军问：

"这诗是你写的吗？"

萧红有些不好意思：

"也是……"

萧军顿时觉得世界变了，季节从夏一下回到了春，人也变了，他面前的这个女孩完全不再是原来的样子，而是他所认识的女性中最美丽的！最可爱的！她虽被困在这昏暗的囚笼式的小屋，但灵魂是美丽的、高贵的、闪耀着光芒的！萧军当时就暗暗地发下誓愿：我必须不惜一切拯救她！拯救这个美丽而高贵的灵魂！这是我的使命、义务、责任……

于是萧军坐下来与萧红热情洋溢地谈起来。他们谈到读书，谈到当时文坛上几位大腕式的文学家。谈过文学，又谈身世，萧红说到苦涩的童年，说到父亲包办的婚事，也说到汪恩甲，禁不住一声声叹息。萧红不知不觉谈得兴奋了，一鼓作气谈下去，说自己还喜欢唱歌，喜欢作画，喜欢写文章……接着两人还谈到生命，谈到死亡，谈到爱。

行文至此，我停止键盘的敲击，眯细双眼。当年的萧红好像就在面前，我逼近了看她，发现她一直苍白的脸上突然之间竟有了血色，这血色冲涌而出，被激情催发，成为红晕，很是好看。我还看到她眼睛的变化。许多天了，两眼的目光一直是黯淡的、犹疑闪烁的，这一刻专注发亮了，像一颗星。就是她小时候一个人坐在草地上喜欢盯着看的星。这情形在她身上出现过，那是在东特女中为了国家主权、民族利益，与同学们一同唱着歌上街游行的时候；那是初到北平，与一帮莘莘学子谈文学、谈人生、谈未来的时候。因此我以为萧红的可贵就在这里，她虽然身陷牢笼，但心中始终深藏着一团烈火，一旦给她一粒火星，它就会熊熊燃烧，光焰冲天。当今的人们，都在热衷使用一个词：正能量。我想这应该属于萧红的正能量吧？

　　第一次交谈，他们就谈得很深刻、很透彻，思想不时发出碰撞。萧红说："这世界处处是冷酷的！丑陋的！令人不满……"

　　萧军说："你说得不错，谁也不能否认现实就是这样冷酷、丑陋！但我们就能安于这样吗？不能。我们应该承担起改变这一现实的重任！"

　　萧军不由自主地被萧红点燃了，激动得一次次想拥抱萧红，但又不得不克制。最后，只得把手伸过去。萧红望住他，很响应地把手伸出。两人的手握在一起，握得很紧。

　　萧军走的时候，将衣袋里仅有的五角钱掏出来放在桌上，说：“我身上没钱，就这五角，你拿它买点吃的吧！”

说完，匆匆地走了。

萧红当时并不知道，这五角钱是他返程的车钱，他如此一慷慨，便要步行回去了。

萧军回头要萧红不要送，萧红就收住了脚步，站在走道上望着他的身影慢慢远去。不一会儿，萧红听到萧军声音响亮地在下面对茶房说：

“钱不会少你们一文。但我警告你们，不许欺负她，不许打她的坏主意，如有一点差错，我绝不会放过你们！”

茶房嗫嚅道：“不敢不敢，我们只是要欠债还钱，钱来了，把人带走……”

萧红立刻热泪盈眶。

我想这眼泪至少具有两层意思：第一，萧军虽囊空如洗，但如此地在意她、如此地保护她，向对方发出一种具有震慑力的男人的警告，让处于冰水中的萧红感动；第二，萧军的背后闪出一道远远的背景，背景上是两个人，汪恩甲，陆振舜。他们与萧军形成鲜明的对比，让萧红揪心地痛。

三郎，这位用他生花妙笔写出连载小说《孤雏》的男人，他如此地在意我，为了我跟茶房翻脸……萧红的眼泪流下来，流得哗哗的，流得欢畅！

当天夜里，萧红心潮难平，挥笔写下了这样的诗句：

我爱诗人又怕害了诗人，

因为诗人的心，

是那么美丽，

水一般地，

花一般地，

我只是舍不得摧残它，

但又怕别人摧残，

1933年，萧红与萧军在哈尔滨

那么我何妨爱他。

（萧红《春曲》之二）

第二天，也就是 7 月 14 日，萧军又来到东兴顺旅馆。虽然只见过昨天一面，却如同相亲相爱了一个世纪，两人怀着同一种渴望，同一种激动，水到渠成地融合为一体。

我将萧红与萧军最初的相识相爱进行了一次细致而逼真地演绎。这天晚上回到下榻处，我翻读了两篇文章，一篇是萧军的《烛心》，一篇是萧红的《春曲》，使得我所演绎出来的他们的故事更加完整。

萧军为了记住他们爱的时刻，专门创作了一篇纪实小说《烛心》，将他与萧红爱情的狂热作了如实记写，摘其精要如下：

你会说，我们的爱进展得太迅速了！……由相识至相爱仅是两个夜间的过程罢了。竟电击风驰般，将他们经年累月，认为才能倾吐的，尝到的……那样划着进度的分划——某时期怎样攻，某时期怎样守，某时该吻，某时期该拥抱，某时期该……怎样——天啦！他们吃饱了肚子。是太会分配他们那仅有的爱情了，我们不过是两夜十二个钟间，什么全

有了。在他们那认为是爱之历程上不可缺的隆典
——我们全有了。轻快而又敏捷，加倍的作过了，
并且他们所不能作，不敢作，所不想作的，也会被
我们作了……作了……

"他们也许很文雅的笑着我们说：我们只是一对
狂饮爱酒的醉泥鳅，是不会咀味到那酒是怎样甜美
与芳香。是一双不会节用爱情财产的挥霍儿，不久
就要穷困了。

"……但愿不要被饥狂汉踢碎了他们的酒杯，轧
断他们的瓶颈。节省下来的爱之财产，不要被强盗
分了啊！

"畸娜（代指萧红），你的颊儿灼偎在我的胸扉
上，你说要听听我的心颗在里面唱的什么歌曲。它
那时给你唱什么歌儿听来？请说给我，你个聪明的
孩子哟！

（萧军《烛心》，《跋涉》，花城出版社 1983 年版）

萧红则以诗的形式，报以更加热烈的情愫：

你美好的处子诗人，

来坐在我的身边，

你的腰任意我怎样拥抱，

你的唇任意我怎样吻，

你不敢来在我的身边吗？

你怕伤害了你处子之美吗？

诗人啊！

迟早你是逃避不了女人！

（萧红《春曲》之三）

这是一段个人性的情爱史。1932年夏，在哈尔滨一个叫东兴顺的旅馆，萧红与萧军，一个封建家庭的叛逆者，一个现代都市的浪儿，他们从灵魂到肉体融合到了一起。这是风雨之中的一叶扁舟，高山崖壁上的苦难之花。其时他们不自知，从此，中国现代文学史上便多了浓墨重彩的一笔，这一笔虽不完全像萧红的"红"，红彤彤一直到底，越到后来越有些驳杂，但却是那么令人低回、让人寻觅、使人痛惜、叫人感动，有一种"剪不断，理还乱"的况味。尽管"理还乱"，但有一点十分清晰，萧军将萧红从苦难中拉出来了，让她离开了此岸。尽管彼岸不全是碧水蓝天、田原村舍、瑶草琪花，不时还有雾霾、泥淖、坎坷，以及别的什么不完全让人满意的东西，但这毕竟是一次伟大航程的起始呀。

为此，为了萧红，为了《呼兰河传》，为了中国现代文学，我们要大声地道一声：

谢谢您，萧军！

爱的方舟

同样是花，有的长在平原地带、大草原上，条件更优越者，甚至栽在花园里、盆缸中，它们阳光普照、水肥丰足，到了时令，尽情开放；但也有一种花远没有它们幸运，它长在高山，甚至雪线之上、背阴之处，一年中得到阳光的照耀只有很少的时日，更多面对的是高寒、冰雪，呼啸的冷风。但这种花因其处境艰难，所开放出来的花朵往往比前者更加鲜艳、更加美丽，并能散放出一种令人沉醉的芳香。萧红与萧军的爱情当属此类。

1932年夏，松花江决堤，哈尔滨满街大船小船，有用箱子当船的，有抓着木板漂荡的。逃命混乱之际，萧红搭上一辆运柴草的船，终于逃离了囚笼一般的东兴顺旅馆，与萧军会合。可是在裴馨园家寄居的日子，使萧红的自尊大大地受到伤害。更为头疼的是，萧红的临产期已经接近，肚痛不时像怪兽一般向她袭来。萧红疼得身上时不时大汗淋漓，她渴望萧军守在她身边，一刻不离。可不能够，因为她知道，此刻他在外面做着一件最重要、最实质性的事：筹钱！所谓筹钱，其实是想方设法找人讨借。这洪灾之时，跟谁讨借呢？他奔东奔西，求张求李，这是要把一个人的自尊与脸面整个放到地上的。这多难哪，他做得到吗？他做到了，都是为了我呀。而且还有更难的，他怎么向人家开口？说我病了？临产了？人家会想，你跟萧红什么关系？她怀的是你的孩子吗？你这么为他奔命，居心何在？想到这一层，萧红眼泪下来了。她舍不得萧军，她觉得萧军太委屈了。他虽不止一次地对她说，我爱你，一生一世，为你做什么都心甘情愿！萧红一边忍着肚痛，一边想到萧军在大街小巷里奔走的状态，眼泪不住地流下。

　　萧军是雇的一辆马车把萧红送到医院的。当萧军抱着萧红上车的时候，萧红虽腹部一阵阵疼痛，但还是清晰地感受到了萧军两臂的健劲有力，这种力量是伴随着萧军一身的热气和在外奔走一直没有平息下来的"呼哧呼哧"的喘息，一起传递给萧红的。萧红虽很独立、很要强，但毕竟一个女子，风暴来的时候，她需要一堵墙，此刻萧红深深地感到抱着他大步往马车上走的这个男人，不仅是一堵墙，而且是一座山，一生可以依靠的大山！萧红突然激动得"呜呜呜"大哭起来，泪水像决了堤的松花江。

产妇入住医院需要预收15元，萧红知道，萧军已不再给裴馨园编稿，每月不再有20元的补贴。他目前囊空如洗，出去借钱借到的可能性不大，口袋里掏尽了不会超过5元。没有钱怎么进医院？萧红有些绝望，思前想后，许多痛苦的往事涌上心头，情绪一下激动起来，抬手猛捶起自己肚子。萧军看她这样，也急了，但什么话也说不出，只是用一双有力的大手制止住她，两眼望着她。四目相对，同时流下了眼泪。

到后来萧红腹疼一阵阵加剧，萧军与医生纠缠无果，一怒之下，将萧红抱起，大踏步穿过医院走道，冲进产房，将萧红直接放上产床。医院无可奈何，只得接收。萧红在第二天凌晨顺利完成生产。

生产后，萧红病倒了，总还是肚子疼，有时疼得呻吟不止，身子在床上蛇一样扭动。她对萧军说："亲爱的，这回……这回我真的要死了……不要离开我，我要死在你的眼前……你会永远记住我……"

萧军急忙说："不会死的，我去找大夫……"

出去找过医生，立刻又赶回安慰："亲爱的，大夫马上就到，忍耐些。"

过了几分钟，萧红腹部疼痛加剧，身子蜷缩起来，再一次发出了呻吟。萧军见医生还不过来，忍不住了，顾不上萧红的劝阻，奔出去。转瞬间，萧红隐约听到他在外面向医生央求，接着吵起来。一定是为钱。生产欠的费还挂着，这会再要医生用药，怎么肯？这世界是见钱眼开，没钱，谁管你死活？

萧红后来听萧军说了才知，他在医生值班室，肺都被他们气炸了。两个人在下棋，对他带理不理。萧军站了一分钟，忍无可忍了，掀翻了他们棋盘。这一闹，清楚了，他们不肯过来，是因为萧军欠着住院的费用。萧军厉声责问："是'钱'要紧，还是'人的性命'要紧？"

庶务不理睬他。

萧军一直吵到医生那里，跟冷漠的医生说了几句话，气不打一处来，一把揪住对方衣服，愤怒道："我什么话也不想跟你说，我只想告诉你，如果今天你医不好我的人，她若是从此死去……我会杀了你，杀了你们全家，杀了你们院长，院长的全家……杀了你们医院所有的人，用你们所有的生命来抵偿她……我等待你们医治！——"

在疼痛中挣扎的萧红，很快得到了医生的治疗。萧红从痛苦中挣脱出来，病情终于好转。

萧红在后来的日子里，曾不止一次称萧军为"强盗"，这里的做法可能就是结论的基石，当然之后可能还会发生许多事情足以成为"强盗"的佐证，只是我在想，萧红最初这么称他，应该是一种戏谑，骂中更多的是一种喜欢，一种娇纵。但到后来，随着情感危机、性格冲突日益加剧，"强盗"的帽子再给萧军戴上，显然有了别的意味。

萧红在哈尔滨住过两家旅馆，一家是前面说到过的东兴顺旅馆，一家是后来与萧军入住的欧罗巴旅馆。两家旅馆的区别是，前者给萧红留下的都是痛苦记忆，整个色调是灰暗的、冷酷的；而后面这家，却如一缕缕春光，温馨、欢愉，整个是一种明亮灿烂的底色。

萧红从医院出来后，在裴馨园家作了短期的寄居，因忍受不了裴夫人对她自尊的伤害，于1932年11月，搬到欧罗巴旅馆。我从相关资料中得知，欧罗巴旅馆当时是在新城大街，今天属于道里尚志大街路段。2013年冬，我在哈尔滨驱车经过尚志大街，想到欧罗巴旅馆，问随行的当地朋友，都语焉不详，估计可能是城区改造，旧房翻建，失去了踪迹。

欧罗巴旅馆旧址

坐在徐徐行驶的车上，我一次次把目光投向那些高大的楼宇，心想，作为令你们这座冰雪之城骄傲的萧红，当年可能就在这大楼身下，或背后的某处，她曾与萧军一同演绎过一场凄艳动人的情爱故事。

欧罗巴旅馆是由白俄经营的，三层楼上刚好有一间空房子，萧军与萧红在走投无路的情况下住了下来。楼梯在病弱的萧红眼里显得特别长，萧红手扶着楼梯栏杆，努力抬起两条颤颤的、似乎不属于她的腿，一步一步往上走，走了不几阶，手也开始和腿一起颤了。

好不容易爬上楼进了房间，萧红只感到十分口渴，对萧军说想喝点水。萧军立刻说我去给你倒。可是他两条眉毛很快拧起来了，屋里竟没有一样可以盛水的东西。他焦急地说：

"怎样喝呢？用什么喝？"

桌子上是一块洁白的桌布，除了白，什么也没有。萧红躺在床上处于半昏迷状态，听到萧军在过道里和茶房说话，说的什么，全不能分辨。过了一会儿，门响了，萧军来到床边，萧红以为他是端着水杯凑到她嘴边，没想到他的手却向她张开说：

"没办法了，就用脸盆来喝好吧？"

萧军去拿脸盆时，发现了下面有一只刷牙缸，于是立刻洗了刷牙缸去倒水。

萧红一边喝着水，一边用发颤的手指在雪白的床单上抚来抚去，床单是柔软白洁的。这柔软，这白洁，终于使她一直紧蹙的心有了一丝放松。

"你太累了，躺着好好歇一会儿。"萧军对她说。

萧红躺着不动，手指仍在床单上抚来抚去，床单上有突起的花纹，很好看。萧红想，这样的床单，还有这软和的枕头，多好呀，多让人心里安宁哪。联想到这段日子的颠簸折磨，心里一下涌出万千的感叹。

正在这时，高大的俄国女茶房进来，身后跟着一个中国茶房，问他们租不租铺盖。萧军答："租。"

对方说："五角钱一天。"

五角钱，这也太贵了，萧军立刻说："不租。"

萧红也说不租。

那女人立刻动手去收拾软枕与床单，就连桌布也从桌子上扯下去。一分钟不到，这洁白的小屋跟随她花色的包头巾一同消失了。萧红这时受不了了，虽然腿颤，虽然肚子饿得那样空，但也坚持着站起来，打开柳条箱要拿出自己的被子。

晚饭后那个白俄经理来到房里，跟他们说，一日两元，一个月六十元。萧军只有五元，雇马车已用去五角。白俄翻着白眼说："六十元一个月，明天给！"发现萧军拿不出钱，瞪大眼，发出最后通牒："你的明天搬走，你的明天走！"

萧军说："我不走！"

"不走不行，我是经理！"

萧军从床下取出剑，指着白俄："你快给我走开，不然，我宰了你！"

白俄经理吓得屁滚尿流。

萧军这类流浪汉式的行为给萧红留下了终生难忘的印象。萧红是到后来才慢慢搞清萧军身世的。萧军原来也是个苦人，母亲因不堪父亲毒打，吞鸦片自杀。萧军在祖父和姑姑家长大，自小尚武好斗，崇拜英雄。十八岁当骑兵，二十岁考入东北陆军讲武堂所属的宪兵教练处，因看不惯宪兵生活的腐败而愤然离去。二十一岁改名，考入东北陆军讲武堂第九期炮兵科，因与一步兵队长冲突而遭开除。萧军沉迷诗酒，二十二岁在沈阳《盛京时报》上发表处女作《懦……》，从此走上文学道路。结过婚，但离家时向发妻说明，他从此投身革命，生死难卜，可以另嫁。萧红在搞清了萧军的身世概况后，才慢慢悟出他行为与个性的根由。

虽有了一处栖身之地，但饥饿却像疯狗一般紧追着他们。萧军出去找事做，在风雨中奔走，萧红在屋里焦急地等待。饥饿一阵比一阵更强烈地向她袭来。她看到挂在过道别人家门上的"列巴圈"和牛奶，甚至有一种想法：我去偷吧！她不止一次打开门，下定决心：偷就偷！虽然是几个"列巴圈"，我也偷一次，为着我"饿"，为着他"饿"。可是最终还是失败了。

饿得心慌，饿得发昏，萧红竟出现幻觉。她觉得自己飘飘地从床上升起来，升到空中，升到窗口，升到外面。外面尽是日光，她的身子完全和日光接近；市街就在她的下面，错综着许多角度的楼房，有工厂的大柱子一般的烟囱。街道纵横交织。光秃的树。白云在天空作出各种各样的形状。高空的风吹乱她头发，飘荡起衣襟。市街像一张繁复杂乱颜色不清晰的地图。楼顶和树梢都覆着一层稀薄的白霜，城市在阳光下闪闪烁烁像撒了一层银片。她的衣襟被风拍打着作响，她感到冷了。她渴望升到日光里，可是她全身却像浴在冰水里一般……原来饥饿能使人凌虚飞升，飘飘欲仙，这在萧红平生还是第一次。

萧军还不回来，萧红再一次尖锐地感到饿。

我拿什么来喂肚子呢？桌子可以吃吗？草褥子可以吃吗？

晒着阳光的行人道，来往的人，小商贩，乞丐……

这一些看得萧红疲倦了。她打着呵欠，从窗口爬下来。

窗子一关起来，立刻生满了霜，过一刻，玻璃上就流着眼泪了！起初是一条条，后来就大哭了！满脸是泪……

萧红合起眼睛来静着、默着，但又不是睡。她好像回到了几年前的那个学校，老师对她说：

"热爱艺术，就应该把整个的心身献给艺术。你现在不喜欢绘画，你喜欢文学，你就把全身心献给文学吧。只有忠于艺术的心才不空虚，只有艺术才是美。"

萧军还没有回来，萧红再一次感到饿。她想起几天前去过的那个小饭馆，她觉得又到了那里了。她找了个地方坐下，然后点菜。什么辣椒白菜啦，雪里蕻豆腐啦，酱鱼啦——怎么叫酱鱼呢？哪里有鱼呀？这些菜的名字萧红已记得很熟。

就这么饥饿着，梦想着，萧红又睡着了。

萧军终于回来了，一种穿软底鞋的声音，"嚓嚓"响到门口。萧红一下跳起来，她满心担心：他冻着了吧？有没有带面包回来？

开门看时，不是萧军，是茶房站在门口："你们要包夜饭吗？"

萧红问："多少钱？"

"每份六角。包月十五元。"

萧红一点都不迟疑地摇着头。茶房走出，门又严肃地关起来。

一直到萧军回来，他的胶皮底的鞋擦在门槛上，萧红才止住幻想：茶房手上的托盘，托盘里盛着肉饼、炸黄的番薯、切成大片的蓬松香软的面包……

萧军急着问："饿了吧？"

萧红几乎是哭了，说："不饿。"

把头低下去，不让萧军看到她的眼睛。

萧军的衣服完全湿透了，萧红立刻跑到马路边小摊上买馒头。回来就用刷牙缸盛着白开水吃起馒头。馒头吃完，肚子还没有饱，可桌上的铜板没有了。萧军问萧红："够不够？"

萧红说："够了。"

萧红问萧军："够不够？"

萧军说："够了。"

可以说，饥饿是他们蜜月生活中最重要的内容。他们每天吃素，有时候干脆不吃，就像传说中想得道成仙的人在苦修苦炼。这修炼的结果是，他们的脸都黄了，骨头都突出了，萧红眼睛本来就大，如今越来越大，骨碌骨碌转，萧军的颧骨像木块一样突出在腮边。

萧红跟着萧军在欧罗马旅馆住了一个星期，萧军终于找到一份给铁路局一位科长家孩子教习拳棒的差事，报酬是不收房租，可住一间半地下室的房屋，于是他俩在1932年11月中旬，搬到了商市街。

小家庭式的新生活开始了，可萧红对料理家务没有一点经验，炉子着起来又熄了，重新着，连续三次，失去耐心了，一着急，手在铁炉门上烫出两道伤。她很想哭，却没有让眼泪流下。心里想，哭什么？你已经不是娇小姐了，你选择了这样的生活，就要勇敢地面对。到了下雪的日子，萧红不能出门，因为她没有御寒的衣服。有火的时候，她就站在炉边，若是更冷的时候，炉子又没有木柴，就只好披着被子坐在床上看书，一天不下来。有时冷得实在吃不消，萧红就把两只脚伸到炉腔里，两腿伸得笔直，就这样坐在椅子上对着门看书。萧军回来见了，笑道："你在烤火腿吗？"

萧军做了一个月家庭教师，拿回二十元的薪金。萧红心中充满欢喜，一面折被子，一面唱起歌。被子叠完，坐到床沿，两腿轻快地晃动，单衫的衣角在腿下抖荡。有了钱，萧军立刻要上街大吃一顿，萧红积极响应。萧红把钞票装入衣袋，两个人理直气壮地走在街上，穿过电车道，再经过一条乱糟糟的破街，迎面是一扇上面贴着皮纸的破玻璃门。萧军拉开它，回头向萧红笑道："虽然小点，但是一家很好的小饭馆，洋车夫和工人们全都在这里吃。"

萧红跟进去，发现里面摆着三张大桌子，几乎转不过身，好些食客挤在一张桌上吃。萧红有点不习惯，但这家饭店便宜，到条件好些的店里，一定要多花钱。萧红左看看，右看看，心想，让我坐在哪里呢？三张桌子上的人都是满满的。萧红在袖口外面捏了一下萧军的手说："一张空桌也没有，怎么吃？"

萧军说："在这里吃饭是随随便便的，有空位就坐，没有就先站着。"

显然，他比萧红习惯得多，接着，他把帽子挂到墙壁上。堂倌走来，用他拿在手中已经擦满油腻的布巾抹了一下桌角，同时向旁边正在吃的那个人说："借光，借光。"

就这样，萧军坐在长板凳上剩下的一头，萧红坐在堂倌替她搬来的一张圆凳上，占据着大桌子的另一头。不一会儿，小小的菜碟摆上来。萧红看到一个小圆木砧板上堆着煮熟的肉，目光落在上面不肯离开，萧军跑过去说："切半角钱的猪头肉。"

那个人把刀口在那脏布一样的围裙上抹了一下，熟练地挥动着刀切肉。肉很快切好送过来，俩人大口吃上了。后来，萧红又看见火炉上炖着一个大锅，想知道里面到底煮的什么，又有点不敢过去，就要萧军过去看看。萧军说："那没有什么好吃的。"

嘴里虽这么说，但还是过去看了。原来锅里是香喷喷的肉丸子。掌柜看到他们在张望，连忙说："来一碗吧？"

俩人犹豫，没有立刻回答。掌柜又说："味道很好哩。"

俩人怕的倒不是味道好不好，既然是肉的，一定要多花钱吧！面前摆了五六个小碟子，已经很奢侈，很铺张了。于是，你看看我，我看看你。但到最后，一狠心，两人同时说："买一份！"

萧军为着猪头肉喝了一小壶酒，萧红也帮着喝。同桌的那个人只吃咸菜，喝稀饭，他结账时还不到一角钱。接着轮到他们结账：小菜每碟二分，五碟小菜，半角钱猪头肉，半角钱烧酒，丸子汤八分，外加八个大馒头。

走出饭馆，冷空气立刻裹紧全身，高空闪烁着繁星。

"吃饱没有？"萧军兴奋地问。

“饱了！”萧红兴奋地答。

经过街口卖零食的小亭子，萧红买了一小包糖，萧红一块，萧军一块，俩人一面上楼，一面吮着糖的滋味。

在楼下大镜子前面，两个人照了照。萧军的帽子仅仅扣住前额，后脑勺被忘记似的，离帽子老远老远的独立着。萧红再看看自己，脸红红的，眼亮亮的，都不认识了。

走进房间，像两个大孩子似的，互相比着舌头，萧军吃的是红色的糖块，所以是红舌头，萧红吃的绿色糖块，所以是绿舌头。

在贫穷与饥饿中，俩人就这样相濡以沫，心心相印。

许多年后萧军回忆说：

尽管那时候我们的生活是艰苦的，政治、社会环境是恶劣的，但我们从来不悲观，不愁苦，不唉声叹气，不怨天尤人，不垂头丧气……我们常常用玩笑的、蔑视的、自我讽刺的态度来对待所有遇到的困苦和艰难，以至可能发生或已发生的危害！这种乐观的习性是我们共有的。

不管天，不管地，不担心明天的生活；蔑视一切，傲视一切……这种“流浪汉”式的性格，我们也是共有的。

正因为我们共有了这种性格，因此过得很快活，很有"诗意"，很潇洒，很自然……甚至为某些人所美慕！

（萧军《萧红书简辑存注释录》，

黑龙江人民出版社 1981 年版）

爱
的
方
舟

堆起的沙粒

　　萧军是萧红的至爱。此前萧红虽也有过感情经历，但那是非自主的、病态的、细弱的。萧红真正的初恋始于萧军。因为曾经有过情感创伤，今日之爱来之不易，萧红于是倍加珍视，唯恐受到外界侵袭。可是令萧红十分失望的是，萧军虽竭尽全力地保护她、爱她，为她的生养，为她的病，为她不被饿着冻着，为她有个宿处，不顾艰难地在风雨中奔走，但在

30年代的萧军

爱情上，却远不是坚贞纯洁的黄金与钻石。从1932年入住欧罗巴旅馆拉开夫妻生活的帷幕，直到1938年彻底分手，其间六年，萧军屡屡心有旁骛，移情别恋，致使他们爱情的玫瑰不断遭受雨打霜逼，黯然飘落，萧红满怀痛苦，独倾苦杯，心中的沙丘一日日堆积，爱的风景被远远隔断。

先后像幽灵一般入侵萧军爱情玫瑰园的人一共五个，她们分别是：敏子、汪林、李玛丽、陈涓、许粤华。

之一　　敏子

那是冬日雪后，正当俩人蜜月之期。一天，萧红晚上在灯下看到萧军穿在身上的那件毛衣袖口散了，线条长长地拖下来，就对萧军说：

"这袖口要缝缝了，我明天去街上买针线。"

萧军没注意到袖口的问题，经萧红提醒了才发现，举着袖口看看，却发了幽思。上床睡下后，突然开口道：

"知道吧，这件毛衣的袖口是敏子给我缝的。敏子是个姑娘，很单纯的一个姑娘，可是事情都过去了，过去了就没有什么意义。"

萧红听得云天雾地，瞪大眼问：

"什么敏子姑娘？怎么回事？"

萧军说：

"这么说吧，她爱我，我也喜欢过她，那时候我们真疯狂了。但到最末一次她给我来信，却发了脾气，骂了我。这才算结束。结束就是说从那时起她不再给我来信了。这对我是十分意外的，我简直不能相信，弄得我昏迷了许多日子。就这个敏子，在这以前，她是不断给我写信的，一次次地说爱我……甚至于说要嫁给我。"

萧红被他说得已不作声。萧军并没有意识到，他起来去拿毛衣给萧红看，说：

"你看这上面桃色的线，这，这，是她缝的，敏子缝的……"

萧红见他沉浸在昔日情感的回忆中如此陶醉，一点不照顾她内心的感受，十分难过，但又不好立刻发作。萧军继续说着，不时"敏子""敏子"的，说她长得很好看，小眼睛，眉黑黑的，嘴唇很红！说到这，还在被子里紧紧捏了一把萧红的手。萧红心里酸酸地想：干吗捏我？我又不是她！

可见，蜜月里的萧红，虽甜蜜，但也有情感的苦涩。关于这一段记忆，萧红在她的散文《家庭教师》中有记载。

之二　汪林

一度，萧军在汪科长家为汪公子做武术家教，不发薪水，但可以免费住在汪科长家。汪林是萧军所教的那个汪公子的姐姐。一天，她冒冒失失走进他们俩住的小屋，说她跟萧红是东特女中的同学。萧红看看她，卷曲的头发，涂着口红的嘴，一副时髦风骚的样子，比较之下，萧红觉得自己有些老了，衣着也显得寒碜。萧红跟她聊了一下，确实是东特女中的，只是不在一个班。临走的时候，萧红又特别地看了看她，长身材，细腰，身子闪进闪出很灵活。

这之后，萧红随萧军去排戏，在排练现场又碰到汪林。她在读剧本，波状的头发和丰圆的肩靠在淡黄色的壁炉前，完全是一副完美的少妇美丽的剪影。萧红发现，萧军跟她有说有笑，原来他们排戏常在一起。萧红因为住在她家，又是东特女中同学，不得不敷衍她，和她靠在墙上说些话。

春天的一天，萧红与萧军在街上闲逛，萧红的肩膀突然被人撞了一下，又是汪林。她戴着外国人戴的帽子，一路跟他们说笑，回家后，很快又换了一身鲜嫩的淡绿色的春装。萧军看到她手里拿着一封信，跟她逗笑，问她，是情书吧？汪林跑回屋去，手里香烟袅出的烟缕在门外打了一个大大的圈。

到了夏天，汪林常追随着萧红萧军，跟他们一起去划船、游泳，晚上一起在院里谈话。萧红身体不够好，累得吃不消了，不得不回屋睡觉。汪林还不走，还跟萧军有谈不完的话。萧红硬把他们撂在外面，一个人回屋睡觉去！她把汪林红艳的嘴唇、飘动的裙裾、"咯咯"的笑声，统统撂在外面，蒙头而睡。

又过了些日子，一天，萧军告诉萧红：

"汪林想跟我好呢，"接着还感叹，"真是……少女呀。"

萧红一直提心吊胆，没想到还真翻船了。萧红很难过。萧军这么对她说，是想表现一种可贵的坦诚？还是抑制不住地要说明自己具有男人的魅力？萧红无法准确知道他的想法，只觉得萧军太得意了，太不把她当回事了，心里很难受。

之后好在来了一位编辑，萧红为维护自己与萧军的爱情，与萧军共同策划，给汪林创造了与那位编辑单独小聚的机会，汪林见梯子就爬，很快将一腔热情转移到那位编辑身上。阿弥陀佛，萧红一颗心这才平定下来。

之三 李玛丽

这是当时哈尔滨一位有名的女子。她是豪门千金，大家闺秀，受过高等文化教育，且热爱文学艺术，气质高雅、风度绝佳，是名噪一方的佳丽名媛。她在哈尔滨主办了一个很有名的文艺沙龙，身边聚集了一批正直、有才华的青年男士。这批青年男士中，不少人在追求她，暗恋她。萧军就是其中之一。萧红一开始不知道，后来看到他很热衷于往那里跑，凭着女人的直觉，很快发现了苗头，于是向萧军发出了询问。萧军好像也不掩饰，向萧红坦白，他长期以来，确实一直喜欢着李玛丽，只是有点高攀不上。萧红深爱着萧军，见他又冒出这样一段隐情，心中很不是滋味。1932年7月30号，她以诗的形式写下了自己的忧伤：

昨天夜里：
听说你对那个名字叫 Marlie 的女子，
也正有意。

是在一个妩媚的郊野里，
你一个人坐在草地上写诗。
猛一抬头，你看到了丛林那边，
女人的影子。

我不相信你是有意看她，
因为你的心，不是已经给了我吗？

（萧红《幻觉》）

这种情感的伤痛不是一时一刻的，而是漫长的。1934年，萧红与萧军离开哈尔滨前往上海，这种地理上形成的巨大空间，使萧红远离了威胁，内心因获得安全而相对平静。可是1936年，李玛丽随南下流亡的东北难民来到上海，一时华光耀眼，门庭若市。萧军旧情复萌，再一次跻身追求者的行列。

他不仅一次次上门，还为李玛丽写诗。让萧红觉得更荒唐的是，她与萧军共同的朋友舒群，竟被萧军的一番痴情所感动，主动为萧军担当信使，向李玛丽转致萧军的爱意。萧红非常伤心，她与萧军的两人世界，其实是萧军一人的天下，一个男权霸主的天下。在情感上，萧军就像1932年决堤的松花江大水，想往哪流就往哪流，只顾一己痛快，很少考虑萧红的感受。萧军昏了头这样罢了，舒群居然也过来拔刀相助，这个世界真的没有女人说话的地方，女人穿得再好看，吃得再精细，香车宝马、珠圆玉润，都是男人的"东西"。女性的天空是低，她的翅膀是稀薄的……萧红眼中盈满清泪。

所幸的是，舒群找李玛丽后，李玛丽所作的回答是："我跟萧军只是一般的朋友，我这样的朋友多了。"萧红这才趋向安定。

之四　陈涓

她就是萧红所写的《一个南方姑娘》中的那个姑娘。

1933年，萧军与萧红住在商市街25号，即汪林的家，萧军仍为汪公子教武术。一天，萧军在外学完开车回来，兴奋地告诉萧红，他认识了一个朋友，从上海来的，过两天要来拜访他们。萧红当时并没怎么在意。过了两天，人来了，叫陈涓。萧红一看，是个姑娘，漂亮、素净，头发没有卷曲，

1933年夏，萧红与萧军在商市街25号住处

用一条红绸带绾着。交谈中得知，陈涓也喜欢文学，发表过一些散文。

相熟了之后，陈涓常过来玩，有时来要他们两人合出的小说散文集《跋涉》，有时来借溜冰鞋。萧红、萧军都比她大，她把他们俩当大哥哥大姐姐。可是萧红对萧军的花心本色已经了解，因此对陈涓是提防的。她在生活中经历了太多的风浪，实在是经不起任何干扰和刺激了。

一天，陈涓又去萧红家，汪林警告她："你别再往这里跑

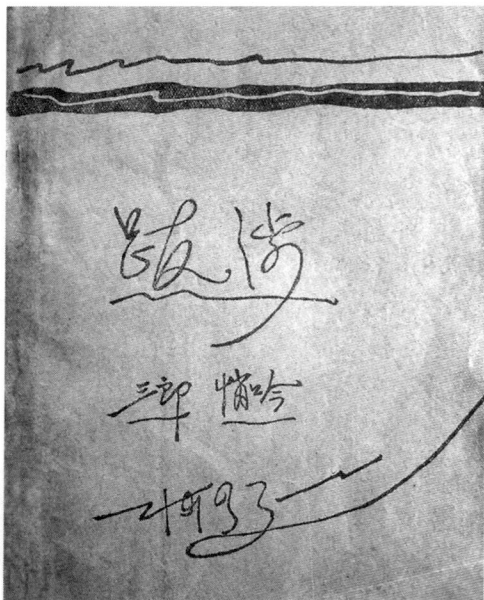

《跋涉》初版封面

得勤了，人家女主人嫉妒你啦！"

陈涓开始不相信，之后知道真是这回事，很难过，就不敢再来了。

1934 年元旦，陈涓准备回南方，临行前向萧军、萧红告别。萧红没有想到，萧军乘她不在屋里的时机，将一封信塞给陈涓，萧红出来后，发现陈涓脸红着，不自然，立刻感觉到发生了什么。陈涓有些站不住，一边搭讪着，一边就告辞了。回家之后，陈涓打开信，发现里面是一页信纸和一朵干枯的玫瑰花。陈涓立刻很尴尬，觉得对不起萧红。陈涓为了堵塞萧军的爱意，同时解除萧红的误会，当天下午带着自己的男友来到萧红家。陈涓的用意萧红自然明白，但萧红并没有对她谅解。萧红认为，你陈涓纵然无意，但萧军那边已心神不定了。这个不定，不是你陈涓怎么会出现？当晚，萧军又要出门，说有什么什么事。萧红知道陈涓明天走，怀疑他去送别，但又不好硬拦。萧军去后，萧红坐在灯下翻书，可怎么也看不进去。她估计，萧军此刻一定跟陈涓在一起。她真想一下走到他们面前，指责他们。可是，萧红不能这样做，也不许自己这么做。他是他自己的，他真要这样，你又能拿他怎么样？

萧红所料不虚，萧军不仅去找了陈涓，而且在她回家的路上，突然不管不顾地飞吻了陈涓，让陈涓一时瞠目结舌。

陈涓第二天离开了哈尔滨，萧军鞭长莫及，与她联系不上了，但忧伤仍然堆积在萧红心中。

两年后的1936年，萧红萧军来到上海，婚后的陈涓带着新生儿也回到上海父母的身边。陈涓当时想，我如今身为人妻，孩子都有了，你们总不会对我再有什么想法吧？于是找到他们住处看望他们，一时有说有笑。可她哪知道，自从她回上海的消息传过来后，萧红与萧军就为她闹了几次不愉快。陈涓全没有感觉到这些，离开萧红家的时候，依旧落落大方，还要萧军送她。萧军知道萧红的不悦，但还是送了。萧红看着他们出门的身影，该是什么心情？

这以后，萧军经常去找陈涓，有时约她出来吃东西。陈涓没有想到萧军是这样，觉得他太自我了、太固执了，只考虑一己的感情，很少考虑对方，真有些可怕。

一次陈涓跟一个男友在说话，萧军突然上前，不问情由，也不打招呼，拖着陈涓说要请她吃东西，陈涓说等一等也不肯，弄得陈涓很尴尬。

萧军做的这一切自然都瞒着萧红，但萧红感觉特别敏锐，闭着眼睛都能想到。萧红很痛苦，痛苦至极，于是把自己的一腔苦痛倾注到笔下：

一

带着颜色的情诗，

一只一只是写给她的，

像三年前他写给我的一样。

也许人人都是一样！

也许情诗再过三年他又写给

另外一个姑娘！

二

昨夜他又写了一只诗，

我也写了一只诗，

他是写给他的新的情人的，

我是写给我的悲哀的心的。

三

感情的账目，
要到失恋的时候才算的，
算也总是不够本的。

四

已经不爱我了吧！
尚与我日日争吵，
我的心潮破碎了，
他分明知道，
他又在我浸着毒一般痛苦的心上
时时踢打。

五

往日的爱人
为我遮避暴风雨，
而今他变成暴风雨了！
让我怎样来抵抗？
敌人的攻击，
爱人的伤悼。

六

他又去公园了，

我说："我也去吧！"

"你去做什么？"他自己走了。

他给他新的情人的诗说：

"有谁不爱个鸟儿似的姑娘！"

"有谁忍拒绝少女红唇的苦！"

我不是少女，我没有红的唇了。

我穿的是从厨房带来油污的衣裳。

为生活而流浪，

我更没有少女美的心肠。

他独自走了，

他独自去享受黄昏时公园里

美丽的时光。

我在家里等待着，

等待明朝再去煮米熬汤。

七

我幼时有个暴虐的父亲，

他和我的父亲一样了！

父亲是我的敌人，

而他不是，

我又怎样来对待他呢？

他说他是我同一战线上的伙伴。

八

我没有家，

我连家乡都没有，

更失去朋友，

只有一个他，

而今他却对我取着这般态度。

九

泪到眼边流回去，

流着回去浸食我的心吧！

哭又有什么用！

他的心中既不放着我，

哭也是无足轻重。

十

近来时时想要哭了，

但没有一个适当的地方：

坐在床上哭，怕是他看到；

跑到厨房里去哭，

怕是邻居看到，

在街头哭，

那些陌生人更会哗笑。

人间对我都是无情了。

十一

说什么爱情！

说什么受难者共同走尽

患难的路程！

都成了昨夜的梦，

昨夜的明灯。

（萧红《苦杯》）

之五　许粤华

这是最让萧红伤心的一位。

1936 年 7 月至 1937 年 1 月，萧红为了消解内心的苦痛，只身赴东京小住半年。其间，在沪的萧军与从日本归来的许粤华产生了恋情，一段时期，两人欲生欲死，爱得轰轰烈烈。萧红虽远在海外，但与国内若干朋友一直保持着联系，特别是弟弟张秀珂在一封信中写到萧军，说他为了一件感情的事，好像很激动。萧红是个敏感之人，再联想到友人信中的含蓄暗示，于是知道萧军又搞起新花样。

1937年1月，萧军请求萧红回国，萧红于是回国。回国后的萧红，一切情况了然。

原来萧军与许粤华虽相爱甚深，但考虑到结为一体没有可能，于是决定分手，并促使萧红早日回国。

一段野草一般疯长的恋情虽到尾声，但对于萧红来说，却是一记朝向心门的沉重撞击。此时的萧军还并未彻底消停，听说许粤华怀孕，他便一次次奔出家门，前往照看。这一切对于萧红，已远远不再是《苦杯》中的那种痛苦，而是一种超出悲哀的悲哀，脱离痛苦的痛苦，精神几近于崩溃。

八

本也想静静地生活，

本也想静静地工作，

但被寂寞燃烧得发狂的时候，

烟，吃吧！

酒，喝吧！

谁人没有心胸过于狭小的时候？

十一

今后将不再流泪了，

不是我心中没有悲哀，

而是这狂妄的人间迷惘了我了。

二十八

什么是痛苦，

说不出的痛苦最痛苦。

（萧红《沙粒》）

面对爱的沙粒，萧红几近绝望，但她也时刻劝慰自己，要坚强地活着，绝不趴下。

四

世界那么大！

而我却把自己的天地布置得这样狭小！

十三

我的胸中积满了沙石，

因此我所向往着的，

只有旷野、高天和飞鸟。

（萧红《沙粒》）

人的平等，除了精神与人格，是否还应该包括感情？萧红对于萧军的花心之举，最初惊诧，继之哀伤，最后悲愤。到了悲愤的程度，争吵就会频频出现，有时甚至会爆起一阵夏日的惊雷。当然这不是他们的初衷。何以哉？探本穷源，是源于他们不同的爱情观。萧军是个唯情主义者。但凡一朵花，只要喜欢，心中对它有情，就不妨摘下，即使不能永在怀袖，嗅嗅也可。萧红刚好与之相反，她是爱情的排他主义者，讲究专一、纯洁、地久天长。唯情主义与滥情仅一步之遥，与忠贞不贰的爱情观是水火不相容的两极。最初双双浴于爱河，事业上又志同道合，矛盾尚不尖锐，但到后来入侵者频频闯入，爱的圣地被践踏出一个个脚印，玫瑰园中的红玫瑰一朵朵黯然离枝，这就不可能不有所反应了。

爱是一把刀，它锋利的刀锋足以让最亲近的人流血，萧红现在总算感受到了。

第五章　在鲁迅先生身边

第一次参加鲁迅先生的宴会

萧红在东特女中捧读《伤逝》《药》《阿Q正传》《野草》时，心中对鲁迅先生充满了崇敬，没想到几年后竟能见到鲁迅，并能很荣幸地受到邀请，参加为她与萧军特地安排的宴会。

萧红是1934年11月2日与萧

内山书店

军一同来到上海的。鲁迅当时身体不佳，事情又多，接到他们信后，没有立刻安排时间与他们见面。直到11月底，鲁迅才又给他们复信，要他们去内山书店见他。第一次见到鲁迅，萧红心里竟有些难受。鲁迅先生刚刚病愈，头发森森地直立，两道眉毛浓而平直，胡须没有修剪，双颧突出、两颊深陷，脸色一片苍青而又近于枯黄和灰白。在萧红心里是一座高山、一轮太阳的鲁迅先生，怎么如此的瘦弱，如此的憔悴？萧红暗暗悲哀。

鲁迅一开始就很喜欢萧红，她跟上海滩上文学女青年不同，清湛、单纯、率真，有思想、有个性，与萧军一同怀着美好的理想从遥远的北方而来，有一种勇于进取、积极向上的可贵精神。

鲁迅先生邀请他们参加宴会，是在内山书店见面之后的12月17日。

刘先生、吟：

本月十九日（星期三）下午六时，我们请你们俩到梁园豫菜馆吃饭，另外还有几个朋友，都可以随便谈天的。梁园地址，广西路332号。广西路是二马路与三马路之间一条横街，若从二马路弯进去，比较近。

专此布达，并请

俪安

豫
　　同具
广

十二月十七日

　　萧红捧读鲁迅的信，激动得热泪盈眶。鲁迅先生居然要请他们去赴宴，他亲自写信，与许广平先生一同向他们发出邀请，想得还那么细，路靠近哪里，怎样走最近，都一一细说，多么慈爱伟大的胸怀呀。萧红一颗在漂泊生涯中备受饥寒冷遇的心，一下柔热起来，一如春水，眼泪像婴儿一般忍不住流下。

　　萧军立刻研究上海交通图，寻找"二马路"与"三马路"的位置，萧红则盯着萧军看，觉得萧军穿身上这件灰不灰、蓝不蓝的破罩衫去赴鲁迅先生的宴会不雅观、不礼貌，立刻决定要给萧军做一件新"礼服"！萧军听萧红一说，觉得要花很多钱，立刻不赞成。萧红不高兴，有些发怒道："看你这人！"把床上大衣一把抓过去，随便披到肩上，一扭身出了屋门，一串"笃笃笃"下楼的皮鞋声急促地响下去，完全是小跑的状态。萧军没有拦阻她，更没有追赶她。因为他知道，她如果想定了要做什么事，不会接受你的劝阻。你去追她，她一定是跑得更快。她的步子一向是快捷的。在这之后，一次他俩与胡风夫妇走在上海街头，萧红突然心血来潮

213

第
一
次
参
加
鲁
迅
先
生
的
宴
会

胡风夫妇

要与胡风赛跑，胡风不答应，萧红扯住他不放，一定要他跟她赛跑，胡风只好跟她赛。两人跑起来，萧红那双旧皮鞋"笃笃笃"，跑出一串急速的声响，一路跑一路笑，咯咯咯！一边跑一边不住伸手拉扯着胡风，不许他超到前面，脚步风一样快。

大约过了两个小时，萧红回来了，手里拿着一卷布料。萧军不明白她要干什么，不明就里地望了她一下，她把布料卷敲到他头上："坏东西！我要给你做一件'礼服'，好去赴鲁迅先生的宴会呀！"并把面料抖开了问："怎么样？喜欢吗？"

"喜欢。"萧军觉得不宜扫她的兴，就顺水推舟。

"你猜猜多少钱？七角五分——我是从一家'大拍卖'的铺子里买到的这块绒布头。——起来，让我比量比量，看够不够？"

接着把萧军身上的罩衫脱下来，从皮箱里取出萧军夏天穿的一件俄国高加索式立领绣花大衬衫，铺在床上，用那块买回的方格绒布比量了一番，而后高兴得拍起手来，跳着脚，高声嚷叫："足够啦！足够啦！"

萧军说："你知道，明天下午六点钟以前，我们必须到达那家豫菜馆，你让我像一个印度人似的披着这块布头去当'礼服'穿吗？"

"傻家伙！我怎么能够让你去当印度人呢！你等着瞧罢，明天下午五点钟以前，我保证让你穿上一件新'礼服'！——你就等着看我的手艺吧！"

当晚萧红开始了剪裁，第二天早上天还没有全亮，她就起床缝纫。她几乎是不吃不喝，不停地在缝制，一双纤细美丽的手忙个不停。最终果然在下午五点之前，把一件新"礼服"全部缝制完工。这是仿照萧军那件高加索大衬衫做成的，只是袖口收缩起来，再就是没有绣上花边儿。萧红命令道："过来！试试看。"

萧军顺从地穿上，竟然很合身，很舒服。

"把小皮带扎起！围上这块绸围巾！"

萧红做的这件新"礼服"，今天我们其实是可以从照片上

1934年，萧红与萧军在上海

看到的。萧红与萧军参加鲁迅先生的宴会后，因为特高兴，特兴奋，他们去照相馆拍了一张纪念照，这张照在萧红的好些书上都可以看到。因为是黑白，看不出绒布的颜色，但那不大的格子是很清晰的，萧军穿得确实很合身、很精神，足见萧红在东特女中学过女红，手艺不错。顺便提及一个有趣的细节，这张照片上，萧红右手竟抓着一只烟斗，很调皮地衔在嘴里。萧红当时并不吸烟，烟斗是照相馆里的一件道具，她为什么心血来潮将它拿起衔在嘴上？是因为看到鲁迅先生吸烟时，有这么一只类似的烟斗？因为这只烟斗，这张照片给我留下了深刻的印象。

到了鲁迅先生约定的时间，萧红与萧军终于找到了那家梁园豫菜馆。这是一座坐东朝西旧式的二层灰砖楼房。他们上楼的时候，许广平正在那里等候他们，见他们到来，非常高兴，特别是对萧红，表现了一种女姓特有的热情和亲切，竟一把将她揽抱过去。在位于西南角的一个包房里已经坐了几个人，鲁迅先生以及海婴（鲁迅的独生儿子）全在了，另外几位都是萧红不熟悉的。过了十几分钟，许广平看了看腕上表，征求鲁迅意见："现在快七点了，怎样？还要等他们吗？"鲁迅先生爽利地说："不必了。大概他们没收到信。"转脸对招待员说："给我们开吧。"

桌上一共十个人。萧红之后才知道，这桌饭，名义上鲁迅是为庆祝胡风夫妇儿子的满月，实质上是为了萧红和萧军的到来。他们初来乍到上海，人地生疏，易生孤独无助之感，鲁迅先生意在为他们介绍几位在上海的左翼作家朋友，使他们有所来往，好在各方面得到帮助。鲁迅寄给胡风的信是由别人转的，结果给耽误了，没有来。在座的有茅盾、聂绀弩夫妇、叶紫、周颖。席上，鲁迅先生为萧红与萧军作了介绍，但由于当时上海复杂的政治气候，鲁迅先生在介绍茅盾时，只说"这是一位老板"，没有说出他的名字，这使萧红莫名其妙，不知道为什么要用这种含糊不清的"隐语"。这家菜馆主要是吃烤鸭，菜肴是很好的。十分有趣的是，萧军见聂绀弩不时往夫人碗里夹菜，也学着样儿往萧红碗里夹。这使萧红很不好意思，暗暗用手在桌下制止萧军。海婴叽里呱啦，满口讲的上海话，他和萧红居然一见如故，混得很熟。

　　饭桌上大家谈着各种话题，出于礼貌和不甘寂寞，萧军也讲了一些东北的各种习俗和事情，大家——特别是鲁迅先生——全都听得很专心。宴会结束，叶紫把他的住址给了萧军，萧军也把自己的给了他。萧红将友人王福临送的小棒槌和祖父给她带在身边多年的一对酒红色核桃送给了海婴。"这是我祖父留给我的，是我带在身边的玩意儿，通通送给你。"

　　回家的路上，萧红与萧军高兴地挽着胳膊，脚步轻快，飘飘然，觉得自己是这世上最幸福的人！

　　为了纪念这一特殊的日子，他们去照相馆拍了上文提及的那张照片。

别样的情感

一开始，鲁迅收到信后并没有对这两位来自东北的作家表示出特别的热情。跑到上海滩想从大师身上寻找阳光与出路的文学青年多了，鲁迅身体病弱，事务又多，怎么顾及得过来？因此，他虽给萧军与萧红回了信，但只是泛泛的，谈不上热情，当中这样说："见面的事，我以为从缓，因为布置约会的种种事，颇为麻烦，待到有必要时再说吧。""颇为麻烦"，是不见的理由，何时才是"有必要"？这就说不清了，显然这是委婉地推托。

但鲁迅不久同他们见面。我以为这当中一个重要的原因是，萧红给鲁迅写了一封"抗议信"，不许鲁迅称她"夫人"或"女士"。她的这种毫不见外的大胆与娇纵让鲁迅先是新奇，接着会心一笑，彼此之间的墙一下被彻底推倒，心灵不由自主地亲近起来。对于萧红的抗议信，鲁迅幽默地回复道：

"悄女士在提出抗议，但叫我怎么写呢？悄婶子，悄姊姊，悄妹妹，悄侄女……"

很显然，来自雪地北国大胆率真的萧红，让鲁迅喜欢了。

这之后，鲁迅专门为他们安排了一次与上海左翼文艺界人士见面的宴会，不久又邀请他们到他家做客。那天晚饭后，从九点一直谈到十一点，萧红听许广平说鲁迅先生感冒了一个月才好，想早早离开让他休息，可鲁迅先生并没有疲倦的样子，上楼加了一件皮袍子，下来又坐到椅子跟萧红萧军说话。后来下雨了，玻璃窗上有小水流往下流，萧红心里有些着急，几次想站起来。可鲁迅先生和许广平一再说："不要紧，等雨小点再走，十二点以前都有车子可乘。"

将近十二点出来，鲁迅先生要把他们送到铁门外。萧红心想，为什么一定要送呢？我们这么年轻，又第一次上门，这么送是应该的吗？外面还下雨，受了风寒不又要继续感冒吗？

鲁迅先生不听劝，坚持一直把他们送到铁门外，指着隔壁那家写着"茶"字的大牌子说："下次来记住这个'茶'，就是这个'茶'的隔壁。"

就这样，鲁迅先生同萧红一见如故。鲁迅先生喜欢她，爱她；许广平也喜欢她，关心她，甚至连小海婴也喜欢缠着这个年轻的、梳着两条小辫子、有一双特别清晰、特别明亮大眼睛的东北阿姨玩。萧红成了鲁迅家的常客。萧红是在北方长大的，会做些面食，有时提议做韭菜合子，或者荷叶饼，鲁迅总是赞成，萧红就跟许广平一起去做。其实萧红做得并不好，可鲁迅总很鼓励，在饭桌上举着筷子问许广平："我能再吃两个吗？"

鲁迅每天的日程安排得很满，

鲁迅全家合影

但萧红到了，鲁迅总会放下案头的工作陪她说话。即使在他身体不适的时候，只要听到萧红在楼下跟许广平说话的声音（这声音往往是压低了的，因为许广平已告诉她先生身体欠佳），总要叫她上楼坐坐。一天，萧红又来看望先生，走进卧室，见他正在校对，连忙放轻脚步。鲁迅先生却离开圆转椅慢慢站起道："好久不见，好久不见。"同时向萧红点头。萧红奇怪，心想，刚刚我不是来过了吗，怎么会"好久不见"？等到鲁迅先生坐回椅子上，萧红才知道，先生是在开玩笑。

萧红在鲁迅家门前

梅雨季节里的一天，天放晴了，萧红高兴极了，来到鲁迅先生家，跑着上的楼，有些气喘。鲁迅说："来啦？"

萧红说："来啦！"喘得连茶也喝不下。

鲁迅先生就问："有什么事吗？"

萧红说："天晴啦！太阳出来啦！"

鲁迅先生与许广平都笑了。

到这里可以清楚地看出，鲁迅先生喜欢萧红，萧红也喜欢鲁迅先生，他们之间是一种师生关系，但在此之外，时不时又产生精神和感情上的撞击。这撞击，让他们欢喜，使他们默契。杜拉斯说："每个人生活里都保留着一块空地，任意堆放一些东西，那里，称之为'禁区'。"被父亲从情感上抛弃的萧红，心理有一块空场，鲁迅以他超越常人的智慧与光热，赢得了萧红的敬重与爱戴，于是进入这片场地。因此，萧红对鲁迅的喜欢，潜意识里包含一种对父爱的渴望。至于鲁迅，他对萧红喜欢的成分，则要相对复杂一些。鲁迅和许广平的《两地书》是中国现代文学史上最纯粹的情书之一。他们之间至亲至密，相互恩爱，许广平不仅是他的夫人，而且是他的秘书、保姆、私人医生。但尽管如此，他们在心理与情感上并非没有隔膜。这种隔膜是纷乱的、复杂的，难以言表的。据许广平回忆，鲁迅晚年常夜不能寐，独自走上阳台，和衣躺在冰冷的水泥地上，而年幼的海婴夜里起床撒尿，看见爸爸睡在阳台地上，便也不声不响躺在他身边。这个场景说明，鲁迅心中有解不开的结，当年胸中奔突的火浆，虽已在岁月的河中渐渐冷却，耸成一座高高的石山，但山的腹部还有热度。

因此，萧红在鲁迅面前的出现，就像一缕清风、一道阳光，让沉睡的大地有了一种欢欣，甚至感动。鲁迅对萧红的喜欢，是师生，是父女，是知己，丰富而又鲜活，它们汇聚在一起，始终是透明的、清澈的，让人欢喜，令人崇敬。它激活了鲁迅的生命力，使大河流得欢快，催生出生命之树上葱绿的新枝。鲁迅逝世后，作为他的妻子，许广平所做的回忆鲁迅的文章应该是最真切、最传神、最动人、最逼近鲁迅的本质精神，但客观情况并非如此。她笔下的鲁迅，和我们阅读鲁迅后脑海中所形成的"鲁迅"，总有着一些距离。而萧

223

别样的情感

红的《回忆鲁迅先生》则不然，它是所有回忆鲁迅文字中最感人、最具有魅力的，远比许广平写得好。这不仅因为萧红才华超越许广平，更重要的是，她更理解鲁迅，深入到了鲁迅的内心。

鲁迅对萧红的喜欢，有一件小事最能说明问题。

一天，萧红穿了一件新买的火红的带有很宽袖子的上衣来到鲁迅面前，问鲁迅："我的衣服漂亮不漂亮？"

鲁迅从上往下看了一眼："不大漂亮。"

他把装在象牙烟嘴上的香烟用手装得紧一点，又加上一句："并不是上衣不好看，是跟裙子搭配得不妥。裙子是咖啡色的，还带格子，颜色有些混浊，所以把红上衣弄得不漂亮了。人瘦不要穿黑衣裳，人胖不要穿白衣裳；腿长的一定要穿黑鞋子，脚短就一定要穿白鞋子；方格子的衣裳胖子不能穿，要穿竖条子的，因为穿竖条人显得长，穿横条人显得宽。"

萧红没想到鲁迅先生对穿着也有这么深的研究，觉得非常有道理。因为下午要去赴会，萧红要许广平给她找一点布条或绸条束一束头发。许广平拿来米色的、绿色的，还有桃红色的绸条。经与许广平共同选择，最后用的一根米色的。但许广平又把那根桃红色的放在萧红头上试了试，并笑问："好看吗？漂亮吗？"

萧红心里也觉得好，很规矩又很顽皮地等着鲁迅先生往这边看。

鲁迅先生这一看，生气了，眼皮往下一放，看着许广平说："不要这样装她。"

许广平有点窘了。

对这一情形，余杰曾作如此评说："这个细节很能够说明鲁迅心中复杂的感受，他想说漂亮而没有说，故意装出一副严肃的样子来。他想掩饰自己内心深处细微的波动，却更加明显地表露了出来。先生的心灵也有无比脆弱的时刻。"

鲁迅先生对萧红的喜欢，最能感受到的，除了萧红自身，再一个就是许广平了。许广平心地仁厚，也喜欢萧红，她对萧红不幸的遭遇十分同情，但身为妻子，看到夫君喜欢着别人，不可能高兴。情绪肯定是有了，但又不好说出来，只能堵在心里。到后来，终于有了一个曲里拐弯发泄的机会。那是萧军与许粤华搞婚外情的时候，萧红心伤透了，度日如年，无处哭诉，天天一个人跑到鲁迅家来。许广平知道她的情况，自然是安慰劝说开解，但一次次来，不断地来，而许广平每天在家有一大堆事，心里就有了些厌烦。一天，萧红苦着脸又来了，刚好梅志过来串门，许广平禁不住悄悄向梅志诉苦："萧红又在前厅……她天天来，一坐就是半天，我哪里有时间陪她，只好叫海婴去陪她。我知道，她也苦恼得很……她痛苦，她寂寞，没地方去就跑到这儿来，我能向她表示不高兴、不欢迎吗？唉！真没办法。"

许广平的情绪，曲折地反证了鲁迅对萧红的喜欢。

因为这种喜欢，鲁迅在萧红的文学事业上，也不遗余力地给予了极大帮助——别的一些文学青年也曾获得过鲁迅帮助，在某一点上可能还会超过萧红，但在总量上肯定无法跟萧红相比。

萧红与萧军是各带着他们的《麦场》（后由胡风改名《生死场》）和《八月的乡村》来到上海的。鲁迅看了萧红的《麦场》后，就托人往各处推荐，希望能找到一个可以公开出版的机会。文学社曾打算出，但稿子被审查耽搁下了。萧红等得着急，写信问鲁迅先生，鲁迅耐心地回答她，他的文章被

鲁迅写给萧军、萧红的信

删掉是常事，有时删得只剩一个脑袋，不过第一步是要印出来，这是最重要的。过了一段时间，萧红又向鲁迅打听结果，并说自己心情焦躁，写不出作品，天天只是长肉，胖得像个蝈蝈，请鲁迅先生用鞭子抽她。鲁迅替她分析原因，并调侃："我不想用鞭子去抽打吟太太，文章是打不出来的，从前的塾师，学生背不出书就打手心，但愈打愈背不出，我以为还是不要催促好。如果胖得像蝈蝈了，那就会有像蝈蝈样的文章。"

鲁迅还将萧红与萧军的小说介绍给当时陈望道主编的《太白》、郑振铎主编的《文学》，有时还代转给良友公司的赵家璧先生。推荐萧红与萧军的稿子，鲁迅欠下了人情，不得不经常夹上自己的稿子作为补偿。

1935 年，萧红的《生死场》与萧军的《八月的乡村》在鲁迅的直接关心下，以"奴隶丛书"的形式出版。11 月 14 日，鲁迅亲自看了《生死场》的校样，用红笔、工楷逐字逐句地改正了上面的错别字，又改动了一些格式，之后交给胡风，嘱他写一篇《读后记》。当晚，又亲自写了一篇序，对《生死场》给予了充分的肯定与赞扬："这自然还不过是略图、叙事和写景，胜于人物的描写，然而北方人民对于生的坚强，对于死的挣扎，却往往已力透纸背；女性作家细致的观察和越轨的笔致，又增加了不少明丽和新鲜。"

除此以外，鲁迅在一些场合还竭力推介萧红。

《生死场》书影

　　1936 年 5 月，斯诺拜访鲁迅。斯诺夫人正在撰写《现代中国文学运动》长篇论文，斯诺受其委托，向鲁迅询问：包括诗人和戏剧家在内，中国当代最优秀的左翼作家有哪些？鲁迅在提到茅盾、丁玲、田军等人后接着说："田军的妻子萧红，是当今中国最有前途的女作家，很有可能成为丁玲的后继者，而且她接替丁玲的时间，要比丁玲接替冰心的时间早得多。"

这是中国现代文学史上第一次将冰心、丁玲、萧红三位女作家作为领军人物相提并论。是年，冰心踏入文坛已18年，丁玲也近10年，都属资深作家，而萧红闯入大上海不足一年，涉足文坛不过3年，鲁迅对她如此褒奖，不仅是慧眼识珠，内里深处，还因对她怀有爱心。在这里我想特别强调的是，这份爱是透明的、纯净的，像水晶一样，不掺一丝丝杂质。我曾不止一次看到有人著文，说鲁迅暗恋萧红。我不同意这样的观点。2009年9月24日，《广州日报》曾登载过一篇叶细细的文章，题为《鲁迅与萧红是什么关系》，与我观点刚好一致。叶细细说：

> 我对鲁迅的理解是，他对萧红仅止于喜欢，但还未至于暗恋。在情感上，鲁迅基本上不追女人，原配太太是包办，他不喜欢，一辈子都对她很冷淡。许广平成为鲁迅的夫人，也很费了些周折。两人都同居了，鲁迅对外界还避嫌着他们的关系，称许广平是他的助手。如果朋友在他家撞见许广平，他就对人说，许广平是来帮他抄稿子的。出去旅游，非要三人房，让友人陪睡。仿佛这样才能表示他们的清白。对于萧红，鲁迅有必要暗恋吗？

萧红对鲁迅充满敬爱之情。在她心目中，鲁迅不光是一位文学上的大师，而且还是智者、导师、兄长、父亲。鲁迅的文学思想、世界观、人格精神、学识修养、审美情趣，无一不对萧红形成了潜在的影响力。1938年4月，萧红参加《七月》杂志社组织召开的一个文艺座谈会，针对当时文学界急功近利的倾向，她鲜明地表明自己的观点："作家不是属于某个阶级的，作家是属于全人类的。现在或者过去，作家写作的出发点是向着人类的愚昧！"她把"人类的愚昧"当作主要的敌人，很显然是受到鲁迅精神的影响，它与鲁迅所主张的"改造国民性"的思想一脉相承。

近读叶君先生《从异乡到异乡——萧红传》，当中有一段记录萧红在北京与好友李洁吾谈话的内容，很是有趣。李洁吾说："鲁迅先生对你真像是慈父。"萧红听罢，立刻纠正说："不对！应当说像祖父一样……"这让我们一下透视出萧红对鲁迅的情感性质。她对鲁迅先生倾注的，其实是一个女儿对父亲的爱，尽管她不承认这一点，但客观事实正是如此。这是一种心理的悖反：因为少年的缺失，于是渴望；因为曾经干涸，于是情感之水流泻得更加淋漓酣畅。难道不是吗？回望萧红所走过的文学之路，每一步的成功不都伴随着鲁迅辛劳的汗滴、悉心的帮助，还有情感上的不舍？转而再看萧红，1936年当她惊闻鲁迅先生不幸去世的噩耗，特别是她回国后赶到万国公墓鲁迅墓前，她除了头上没有扎一根白色的孝巾，那悲痛、那哭泣，以及那后来以文字形式所结成的一束素净的花篮——《回忆鲁迅先生》，与一个丧父之女有什么两样？

他们的爱，是一束洁白的精神之花！

别样的情感

悲痛与怀念

鲁迅先生逝世是在 1936 年 10 月 19 日，萧红不在鲁迅身边，当时她在日本。

萧红最初只是在报纸上看到一个模糊的消息，说鲁迅怎么又怎么了，文中有一个怪字，"人"字旁带一个"思"字，萧红不认识，不知道什么意思。再看下去，文章里居然有"损失""陨星"之类的词，一颗心立刻"扑通扑通"急跳起来，慌里慌张冒雨往家跑。她急于要找到字典，把那个与鲁迅先生有关联的怪字查清楚。萧红跑到家，衣服已经湿了，急切地抓过字典查了那怪字，意思仍不很明白，心里越发忐忑。再又去找朋友打听，都说不可能，都不相信鲁迅先生会离开这个世界。

萧红直到 10 月 22 日去参加日本人的一个活动，才确切知道鲁迅先生已经逝世。当夜，萧红一个人，在异乡，在日本岛国，为她所敬爱的先生，哭了。

萧红想到鲁迅给她写的一封封信，想到她与萧军初到上海时对他们两个漂泊灵魂的安慰，想到为她作品面世所付出的心血与汗水，想到在鲁迅先生家一次次的吃饭，想到在先生书房里度过的无数快乐时光……萧红泪如泉涌，悲痛欲绝，嘴唇因这巨大的悲伤而全部烧破。

24 日，她给萧军写了信，信中一开始就说到鲁迅的逝世，说到自己的悲痛，她说：

> 昨夜，我是不能不哭了。我看到一张中国报上清清楚楚登着他的照片，而且是那么痛苦的一刻。可惜我的哭声不能和你们的哭声混在一道。
>
> 现在他已经离开我们五天了，不知现在睡到那里去了？虽然在三个月前向他告别的时候，他是坐在藤椅上，而且说："每到码头，就有验病的上来，不要怕，中国人就专会吓呼（唬）中国人，茶房就会说：'验病的来啦！来啦！……'
>
> …………
>
> 可怕的是许女士的悲痛，想个法子，好好安慰着她，最好是使她不要静下来，多多的和她来往。过了这一个最难忍的痛苦的初期，以后总是比开始容易平伏下来。还有那孩子，我真不能够想像了。

我想一步踏了回来，这想像的时间，在一个完全孤独了的人是多么可怕！

…………

这封信后来以《海外的悲悼》为题，完整地登载在《中流》半月刊纪念鲁迅先生的专号上。

有不少杂志考虑到萧红、萧军与鲁迅的关系，纷纷约请他们撰写回忆鲁迅的文章。但萧红远没有从悲痛中走出，无法接受这使她悲痛的胸怀变得更加悲痛的任务。11月9日，她给萧军的信中说："关于回忆录一类的文章，一时写不出来，不是文章难作，倒是情绪方面难处理。本来是活人，强要说他死了！这么想就非常难过。"

萧红屡屡想给许广平写信，但始终没有写，因为她怕安慰她，却引发她更大的伤悲。她在给萧军的信中，要他代她去看看许广平，并且叮嘱，如果见到鲁迅先生家的两个保姆，也向她们问好。因为悲痛，萧红的头痛病又发作了，身体很不好，心情十分黯淡。

1937年1月，萧红离开东京回上海。稍稍安顿下来后，就去万国公墓拜谒鲁迅先生。正是深冬，万物萧瑟，萧红手捧鲜花与萧军沿墓园中一条铺满黄叶的路往鲁迅墓走去。到了墓前，萧红立刻看到先生家客厅里的那棵熟悉的万年青被栽到墓旁的青草地上。鲁迅的墓前放着好些前来瞻仰的人献

1937年，许广平、萧红、萧军和海婴在鲁迅墓前

的鲜花。萧军上前清扫了一下，萧红将手中的鲜花恭敬地放在墓台上，对着鲁迅先生的遗像深深地鞠了一躬，泪水像决了堤的河水流了下来……

回去以后，萧红含悲忍痛写了一首《拜墓诗——为鲁迅先生》：

跟着别人的脚迹，

我走进了墓地，

又跟着别人的脚迹，

来到了你的墓边。

那天是个半阴的天气，

你死后我第一次来拜访你。

我就在你的墓边竖了一株小小的花草，

但，并不是用以招吊你的亡魂，

只是说一声：久违。

我们踏着墓畔的小草，

听着附近的石匠钻刻着墓石，

或是碑文的声音。

那一刻，胸中的肺叶跳跃起来，

我哭着你，

不是哭你，

而是哭着正义。

你的死，总觉得是带走了正义。

虽然正义并不能被人带走。

我们走出了墓门，

那送着我们的仍是铁钻击打着石头的声音，

我不敢去问那石匠，

将来他为着你将刻成怎样的碑文？

　　这之后，萧红怀着无限沉痛的心情，写过一篇篇回忆鲁迅先生的散文。1939 年 10 月 19 日，是鲁迅先生逝世 3 周年祭日，萧红把这一篇篇零散的文章连缀编辑，合成长篇回忆性散文《回忆鲁迅先生》。10 月 26 日完稿后，请许广平审订，1940 年 7 月 由重庆妇女生活出版社出版。

　　1940 年 7 月，为纪念鲁迅诞辰 60 周年，萧红为《文艺阵地》写了文章，并将《回忆鲁迅先生》细致修改后再次出版。同时接受了香港文协的请托，与端木合作了表现

《回忆鲁迅先生》初版封面

与讴歌鲁迅精神的哑剧《民族魂鲁迅》。在香港演出后，引起强烈反响。

10月19日，萧红参加了鲁迅先生逝世4周年纪念会。会上，她朗诵了鲁迅的杂文。那天，她穿着一件黑丝绒旗袍，整个人显得瘦削削的，发音不高，但朗诵的声音徐疾有致，充满深情。

可以说，鲁迅先生虽然去了，但他一直活在萧红心里，他的精神指引着她，激励着她，温暖着她，坚定着她，把未来的路一步一步坚定不移地走下去，直到生命的终结。

第六章　爱与泪（下）

一逃再逃

1

爱着，并且痛着，这是萧红与萧军爱情生活中后期的状态。萧红从受困东兴顺，到落脚欧罗马，直至筑巢商市街，将至真至纯的初恋献给萧军，萧军成为她的至爱，情感的唯一。可是萧军的大男子主义，自大、不体贴，在日常生活中不时暴露，像米饭中的沙粒硌得萧红牙痛；特别是他唯情主义的放纵，让左一个右一个幽灵一般的异性在身边闪来闪去，如一柄冷剑刺伤着萧红，使她心一次次滴血。

既爱着我，为什么又心有旁骛？难道男人的本性就是这么"贪多务得，细大不捐"？

自尊的萧红感到巨大的耻辱！

她不断地失眠，脸色苍白，憔悴，头上冒出丝丝白发。

吵架肯定是发生了，有时还很激烈，甚至动起手脚。首先动手的应该不是萧军，萧军孔武有力，男不跟女斗的底线他是守得住的，但他在语言气势上如泰山压顶，把萧红往小里压，往扁里压，让萧红觉得没有她这个人了。萧红于是爆发了。萧红肉体上是病弱的，但精神上却是激烈的、歇斯底里的，她扑上去抓他、打他，像个发了疯的孩子。萧军先是躲着、让着，但接下来就火了，就出手了。每次矛盾激化的过程应该都是这样。

萧红内心痛苦，整个生命被哀愁笼罩。

没地方诉说，就往鲁迅先生家跑，去了，一待就是半天。萧红知道，鲁迅身体不好，需要休息，休息过了，还有大量事务亟待处理，不可能经常陪她说话，她就跟许广平坐在楼下说说，听听她的劝慰。胡风的夫人梅志刚好过来，看到萧红的状态，知道她跟萧军在闹不愉快，又不好问，见鲁迅的公子海婴过来找萧红姑姑玩，她也就参加进去，陪他们一起玩。

这段日子，萧红经常一个人出来毫无目标地四处乱转，也不想到朋友那里去。经常肚子饿得很难受了，才知道已经过了吃午饭的时间。一次她走进霞飞路的一家俄式餐馆，坐下来，瞎叫了一份饭食，胡乱地对付了下去，因没有什么胃口，都不大清楚吃的什么。呆坐了半天，出来碰到胡风叫她，她愣怔住了，有点不想应他。

萧红大概意识到这日子不能再这么下去了，再这么下去就离她萧红越来越远了。她觉得堆在心中的许多事情需要梳理一下，沉淀一下，然后才能上阵。于是她接受好友黄源的建议，决定到日本休整一段时期。

1936年，萧红在日本

萧红把她的想法告诉了萧军，萧军也不好劝阻，最后约定：萧红去日本，萧军去青岛，一年之后，再回上海相聚。

1936年7月17日，萧红登上了一艘驶向遥远的岛国日本的海轮。骄阳如火，海风习习。她站在船尾，望着让她爱恋又使她痛苦的上海渐渐远去，远成一片漂浮的黑块、一条灰线，她的心中一阵难受。我的命注定了就是要不断地逃亡吗？四年前的逃亡是为了摆脱父亲专制的桎梏，这回是为了什么？为了爱？为了女人的尊严？还是别的什么？萧红想不下去了，之先服用的大量胃粉失去了作用，忍不住呕吐起来。

2

萧红到东京，按照黄源提供的地址，找到了他的夫人许粤华，租了一户人家楼上的一间房子。黄源要萧红到了东京找许粤华，是考虑到萧红刚到一个陌生之地，两眼漆黑，许粤华能给她一些帮助；另外，俩人在一起，遇事也好有个帮衬。让萧红绝对想不到的是，就是这位黄源的夫人，在她后来离开东京回国后，竟与萧军同台演出了一场婚外情剧，动静搞得很大，使得萧红本未愈合的伤口，再次血淋淋地撕开。

萧红对租的这间房很满意，完全日本样式，榻榻米、移门，全屋共铺六张席子，很安静、很清洁。萧红望着铺得满满的席子，眼前竟出现幻觉：萧军打门外进来，大叫了一声"好！"，高兴地在席子上打了两个滚，又翻两个跟头！萧红惊愕了，因为怨恨才离开他，怎么立刻又想他啊？冤家啊！

萧红的弟弟张秀珂也在东京，萧红写了信给他，约他见面。萧红为了引起弟弟注意，特地穿了一件红色的衣服，提前到那家饭店等他，可左等不来，右等不来，最终没有等到。之后找到他住处一打听才知道，弟弟提前回国了。等待着、盼着，以为立刻就能实现的亲人相聚，竟然全部落空，这种从欢喜到失望的巨大落差，使萧红伤心至极。这伤心，立刻加重了萧红客居异乡的孤独与寂寞。萧红在《孤独的生活》中记写了当时的情形：

一个人在房间里，整天没有说话的地方。睡着了，灯也不知道关，整个亮了一夜，醒来了，看着墙壁发呆。蚊虫在帐子外面"嗡嗡嗡嗡"地叫，很烦人。不想睡，就爬起来收拾房间，想做点什么事。做什么呢？什么也不想做，什么也做不了。街上已响着木屐的声音了，一声一声传过来，空空的、寂寂的，静得人心慌。邻居都起来了，但仍和睡着一般的安静。为什么这样静呢？萧红是喜欢静的，但此刻对着这过于放大的静，却不安起来。于是出去，在街上走走。这街和中国的不一样，也是太静了，就好像正在睡觉似的。于是又回到房间，在席子上面走着，吃一根香烟，喝一杯冷水，以为心情好些，就准备坐下来写作。可是刚刚坐下，太阳又照满了桌子。又把桌子换个位置，放到墙角去，墙角又没有风，搞得满头流汗。又到席子上躺下，将眼睛闭起来。可树上又有蝉叫了。那声音特别大，还有蜂子在吵。

萧红爬起来想去赶它们，被邻人看到了，嘴里叽咕着什么，还笑，萧红很尴尬。实在待不住了，去找许粤华，可她与另一位与她同宿舍的女子都不在家，只有拖鞋摆在木箱上。女房东望着萧红说了一些什么，可一个字也不懂，大概是说她们不在家的意思。饿了，该吃饭了。没敢去日本食堂，怕不会说日本话，被人家笑，就去中国饭馆。吃过饭回头又去许粤华那里，仍没有回来。晚饭不想再去饭馆受罪了，就随便吃了点面包火腿。一个人吃，只听到自己吃的声音，房间整个空空的静，着实是太寂寞了。这时外面打着雷，天阴得混混沌沌。萧红想要出去走走，又怕下雨，但终于拿了件雨衣，还是出去了。这一回又去了许粤华那里，结果，仍是没有回来，仍是只有两双放在木箱上的拖鞋，仍是听到房东说的那些听不懂的话。萧红这时想，在东京，这时假若还有别的朋友或熟人，哪怕不是很熟的，仅仅一般的，即使雨下得很大，也一定冒着雨去找他们！但萧红没有这样的朋友，到最后她只好照着原路又走回来……

　　独在异乡的孤独与寂寞，一如冰凉的大水不时席卷而来，使得萧红的心中生出一缕浓浓的乡愁。

　　　　夜间：这窗外的树声，

　　　　听来好像家乡田野上抖动着的高粱，

　　　　但，这不是。

　　　　这是异国了，

　　　　踏踏的木屐声音有时潮水一般了。

　　　　日里：这青蓝的天空，

　　　　好像家乡六月里广茫的原野，

但，这不是，

这是异国了。

这异国的蝉鸣也好像更响了一些。

（萧红《异国》）

一天，萧红从住处出来，一个人走了一次远路，其实也远不到哪去，主要是因为在异乡，一切都是陌生的，心理上觉得远了。她到的是神保町的一家书局。本来是带着兴致去的，可后来又觉得没什么趣味，想买点什么书的，结果什么也没买，又原路往回走。一切本来都是陌生的，忽然又觉得熟悉起来，因为她看到一条河，一条属于日本国的河，居然与上海徐家汇的一样，水是黑的，乌乌的黑，上面也有船在走，船上有女人和孩子，他们从舱里出来的时候，都穿着破烂的衣裳。这条黑水河也跟徐家汇一样，发着怪味。萧红于是想，是不是巴黎、伦敦，都有这样的河？

实在没有什么让人眼睛发亮的景象，转了一圈后，就又回到自己的住处。

于是许久不抽的纸烟又抽起来，一抽起来，就经常不断地挂在嘴上。又买了些画回来挂在墙上，为的是排解与自娱。其中一张画画的一个乡村女孩，女孩睡在一间茅草屋里，萧红觉得这完全是自己小时候的样子，十分喜欢。

9月的一天，日本的一个便衣警察来到萧红住处，对萧红反复盘查。当时萧红还没有起床，房东不想让他进去，可他不答应，硬是闯入。萧红对这种非礼盘问的做法非常恼火，病都被气出，当天喉咙就痛。许粤华前些天又搬走了，萧红找不到一个可以让她放松一下倾吐心中苦水的地方。心情不好，肚痛的老毛病就又找上门了，想买一瓶凡拉蒙，但又不知道到哪买。萧红只觉得是糟透了糟透了！一切都糟透了！

3

萧红躲到日本，躲到东京，是想疗疗伤，整理一下自己的心绪，可是不对，她在这片风有些凉、街特别静的异域土地上，心更乱了，思绪绕来绕去，最后还是回到了原点：对萧军无法释怀的一种挂念。

其实，萧红在住进这间出租房的第一天，心里就开始想萧军了。房间很整洁，房东又借给她一张桌子、一张椅子，可以说是一应俱全了，可萧红总觉得空荡荡的，缺少什么东西。缺什么呢？其实唯一的遗憾，就是萧军不在身边。到这时萧红分明感觉到了，萧军虽对不起她，一次次伤她心，闹是不停地闹，但心里还是惦着她，很多地方对她很关心的。

她在信中对萧军说："想要写信钢笔里面的墨水没有了，可是怎么也装不进来，抽进来的墨水一压又随着压出来了。"墨水怎么会这么跟她闹别扭呢？表面上说的是钢笔与墨水的事，实际上是说自己的心情，总不能说我想你了，于是就用了"曲笔"。信中又说到在这边的寂寞，"真是好像充军到西伯利亚一样"，娇弱得像个小女孩，等待着萧军的呵护安慰了。她还学着长辈的样儿对他批评："小东西，你还认得那是你裤子上剩下的绸子？坏得很，跟外国孩子去骂嘴！"这就是萧红母性十足的一面了。一个女子在他深爱的男人面前，经常都是这副情状。

但更多的时候，萧红是以一个妻子的身份，对萧军的饮食起居无微不至地予以关心，比如她发出这样的"命令"：

> 现在我庄严地告诉你一件事情，在你看到之后一定要在回信上写明！就是第一件你要买个软枕头，看过我的信就去买！硬枕头使脑神经很坏。你若不买，来信也告诉我一声，我在这边买两个给你寄去，不贵，并且很软。第二件你要买一张当作被子来用的有毛的那种单子，就像我带来那样的，不过更该厚点。你若懒得买，来信也告诉我，也为你寄去。还有，不要忘了夜里不要（吃）东西。没有了。以上这就是所有的这封信上的重要事情。
>
> （《致萧军·第五信》）

过了些日子，萧红得知萧军没有去办这件"重要事情"，又写信强调：

> 你一定要去买一个软一点的枕头，否则使我不放心，因为我一睡到这枕头上，我就想起来了，很硬，头痛与枕头大有关系。
>
> （《致萧军·第三十信》）

萧红对萧军盖的被子也不放心，写信对他指示：

> 你的被子比我的还薄，不用说是不合用的了，连我的夜里也是凉凉的。你自己用三块钱去买一张棉花，把你的被子带到淑奇家去，请她替你把棉花加进去。如若手头有钱，就到外国店铺买一张被子，免得烦劳人。
>
> 我告诉你的话，你一样也不做，虽然小事，你就总使我不安心。
>
> （《致萧军·第三十二信》）

等等。

如果说，在一起时，萧红是爱着并且痛着，那么此刻的萧红，是痛着并且爱着。爱已经上升到主要位置，以至于把痛忘记了，远远地丢到一边去了。所谓前世今生的冤家，所谓不是冤家不聚头，大概就是他们了。在一起时，全是伤心，全是吵，想躲到一个安静的岛国舔舔伤口，梳理一下纷乱的情绪，再确定来日的方向，可如今全做不到了。一日不见，如三秋也，还真不是夸张。离别后思念就像温暖的阳光，早把那些稀薄的冰雪融化了，成了汨汨春水。

印象中，萧军谈到萧红，曾经指责过她缺少"妻德"。什么是"妻德"？远隔千山万水，仍然无微不至地关心你，考虑到你生活上的若干细节，这应该是最好的妻德吧？

但萧红没有想到，她对萧军生活上所作出的上述关心，竟让他不高兴了。萧军晚年为萧红的书信作注，面对萧红嘱他买软枕头的那封信，他坦率地写了这样一段话："她常常关心得我太多，这使我很不舒服，以至厌烦。这也是我们常常闹小矛盾的原因之一。我是一个不愿可怜自己的人，也不愿别人'可怜'我！"他把萧红对他的爱，对他的关心当作一种"可怜"而加以拒绝，这好像有点极端了。从这一极端也可以看出，他是把自己视为最强大、最壮健一类的，他不屑于女性——哪怕是自己的至亲至爱——对他伸出温柔的援手，在他的观念里，这双援手只有以保护神自居的他向她或她们伸出才能使他得到满足。

萧红某日信中说："别的没有什么可告诉的了。腿肚上被蚊虫咬了个大包。"萧军看了，大不以为然了，日后在为这封信作注时，写出这么一段话："腿肚上被蚊虫咬了个大包，她也会说一说的，好像如此一说，这'大包'就可不痛不痒了，其实我对这'大包'能有什么办法呢——这也是我们俩体性不相同的地方。在我是不愿向任何人谈论自己的病症或伤害的，我以为这是无益，也伤害到自尊的事，总愿意把'愉快'给予人。"

这真是让人哭笑不得。萧红真的就那么脆弱经不起一下蚊咬？她是撒一下娇，想听两句疼惜的话，完全是属于没话找话说，小男小女之间情语的一种表现，怎么一点也领会不了呢？萧军你不是经历过很多女人吗，怎么如此地不解风情？如此地木讷？我真为萧红抱屈。

一个人在东京，当感情的潮退去，理智挺然成为礁岛的时候，萧红也曾对他们俩的心性做过分析。她在信中对萧军说："灵魂太细微的人同时也一定渺小，所以我并不崇敬我自己。我崇敬粗大的，宽宏的！"很显然，萧红是以萧军作为参照物在对自己作冷静的解剖，指出了自己的不足和心中的向往。萧军后来在回忆这段感情生活时说："由于我像对于一个孩子似的对她'保护'惯了，而我很习惯以一个'保护者'自居，这使我感到光荣和骄傲！"而对于萧红上述的那段内心独白，萧军是这样注释的："我的灵魂比她当然要粗大、宽宏一些。她虽然'崇敬'，但我以为她并不爱具有这样灵魂的人，相反的，她会感到它——这样的灵魂——伤害到她灵魂的自尊，因此她可能还憎恨它，最终要逃开它……她曾写过我是具有'强盗'一般灵魂的人！这确是伤害了我，如果我没有类于这样的灵魂，恐怕她是不会得救的！"萧军的这段话，道出了两萧矛盾的症结所在：萧军过于自大自强，无视了萧红的独立性，而自尊敏感的萧红，也受不了萧军一向自以为是的禀性。于是两人成了小刺猬，分开来，感到孤独；到一起，不时又互相伤害。萧军也清楚地看到了这一点，他这样写道："我是一柄斧头，在人们需要使用我时，他们会称赞我；当用过以后，就要抛到一边，而且还要加上一句这样的诅咒：'这是多么蠢笨而蛮野的斧头呵！……'"

萧红所崇敬的粗大、宽宏的灵魂，应该是能包容细微弱小者的，可是萧军并不能，这是令萧红十分失望的。

在东京期间，萧红经常头痛、胃疼、失眠，疾病不时纠缠着她，使她十分苦恼。12月末，她给萧军写信说："你亦人也，吾亦人也，你则健康，我则多病，常兴健牛与病驴之感，故每暗中惭愧。"萧军后来给信作注时却如此说："健牛和病驴，如果是共同拉一辆车，在行程中，总要有牺牲的，不是拖垮了病驴，就是要累死健牛！很难两全的。若不然，就是牛走牛的路，驴走驴的路……"从这段文字中看出，作为健牛的萧军，对病弱的萧红是没有什么安慰的，他想，有什么值得安慰的？安慰能起什么作用？他冷静得近乎冷酷，像一块石头。可以想见，病弱的萧红在与萧军几年的情感生活中，面对身体强健生命力旺盛的萧军，她的内心是有压力的，甚至自卑。萧红肚痛的毛病时有发作，长期又患有妇科的毛病，性生活可能不能很好地满足萧军，而萧军性能力特强特盛，与萧红远远不在一个水平线上，这就使得俩人在床笫屡屡闹出一些难以启齿的不愉快。虽是小不愉快，但难免使至情至性的萧红心中笼上暗影。这种灵魂与肉体双重的不对等，在萧红一颗自尊的心上构成了压迫。到后来，萧军又让一个个多情佳人，恣意闯入萧红的园地，攀枝摘朵，践踏一气，这让萧红气愤至极，无法忍受。于是吵了，接下来还动了粗。萧红的火力显然不及萧军猛烈，而萧红的自尊又不容许她败下阵来屈服称臣，万般无奈之下，于是干脆请一片浩渺无垠的大海来作壁垒，退，一退再退，退守到东京。

　　不同的情爱观摆在那里，矛盾不可调和地在不断升级。可是，一生追爱的萧红，最终又能退到哪去呢？她矛盾、痛苦，几年的爱情生活使她留恋，使她铭心刻骨地不舍，因此萧红退来退去，始终还在情感的圈里。在东京 5 个月，她不断地给萧军写信，一共写了多少？ 35 封，平均 4 天就是一封。翻开这 35 封信看看，每封信的字里行间，虽有矜持，虽有怨艾，虽有傲气，但流淌其间的，更多的是绵绵不绝的情和爱……

4

1937年1月9日，萧红从横滨登上一艘邮船。

她回来了。

回来，不全是为了割舍不下的爱，不全是为了对未来生活还抱有的一丝丝幻想，还因为一种新的痛：萧军在感情上又一次对她的背叛。

其实以萧红的敏感，她早就发现萧军在这段日子又有了新的韵事。在东京，萧红跟国内许多朋友有着书信联系，萧军的出轨，朋友们虽不会全部向她说起，但多少总会有些提醒暗示。特别是萧红回国前几日收到弟弟的一封信，当中谈到萧军，说他某日喝酒后脸很红，"好像是为了一份感情所激动"。一份感情？对谁的感情？秀珂虽没有说明，但萧红联想到朋友们信中的提醒，全明白了。萧红没有想到的是，这个让萧军再一次背叛她的女人，竟是在日本时与她相处甚好提前回国的许粤华。

萧红在她最初发现了萧军的出轨时，内心是痛苦的，她在给萧军信中说的身体不适，失眠、头痛、发烧，以及强作欢喜地做菜，跟邻居的小孩一起吃饭，一起逗玩等，都因为这潜在的隐痛在作祟。由于此刻俩人不在一起，空间上的距离使她获得一种冷静，因此她在给萧军的信中，没有把这事挑出加以怪怨，而是出于爱的惯性与妻子的责任，不断絮絮叨叨地关心着萧军的生活细节，抑制不住地对他们过去的爱情生活流露出若干留念与向往。但潜意识层里萧红知道，他们的问题日益严重，想再回到从前，很难。

萧军与许粤华到底好到什么程度？萧军在 1978 年 9 月 19 日注释萧红书简时曾作如此坦言："那是她在日本期间，由于某种偶然的际遇，我曾和某君有过一段短时期的感情纠葛——所谓'恋爱'——但是我和对方全都清楚意识到为了道义上的考虑彼此没有结合的可能。为了要结束这种'无结果'的恋爱，我们彼此同意促使萧红由日本马上回来。这种'结束'也并不能说彼此没有痛苦。"

这里的某君就是许粤华。萧军说，"为了道义的考虑"最终而不能结合，这"道义"是什么呢？最终考虑到"道义"了，开始怎么就没有考虑呢？而且，萧红由日本回不回，好像不是萧红的事，完全决定于他们，他们结束了，就"促使萧红由日本马上回来"，不结束呢？萧红成了他整个情感链条中微不足道的一个环节—— 一个极小极小的环节。

无语。

萧红回来了。

虽自尊倔强，但毕竟是女人。归来的萧红，大约希望以一种退让、隐忍、宽容的态度，换取萧军的爱、理解与尊重。她渴望回到从前，回到两人相濡以沫的哈尔滨时代，回到充满阳光的"牵牛坊"的日子。那是她心中一道永远灿烂的风景，是至真至纯的爱的丰碑。如果真如萧红所愿，那该多好哇！

可是覆水难收，俩人客观上正越走越远。

回到上海之初，萧红不断地与萧军一同参加文艺界各种重大活动，俩人同行同往，努力修补情感上的裂缝。可是让萧红意外的是，萧军在家竟一次次把她丢下，去看望因他而怀孕正在医院做人流的许粤华。本想扫除心中的沙粒，可沙粒变成了石块更沉重地压在心头。4月，她创作发表了《情感的碎片》，"母亲虽不十分爱我，但也总算是母亲"。萧红突然怀念起母亲，回到过去生活的河流中打捞情感的碎片，足见当时内心的荒凉。

一天，弟弟张秀珂来看姐姐，一进门，萧红就告诉他，他们刚刚又吵过架，萧军把电灯泡打碎了。萧军马上抢过话头，怎么是打的？是碰坏的，并且说自己如何如何有道理。秀珂转向姐姐，问怎么回事，萧红闪烁其词，不想把他们不堪的事说给弟弟听。说了有什么用呢？说了徒增小弟心理的负担，做姐姐的不愿意。

冲突一旦出现就会升级，对于萧红与萧军，更是这样。

一次，一个日本作家来到上海，约请许广平、梅志以及萧红、萧军等一批作家到一家咖啡馆见面。萧红的右眼青紫了很大一块，吸引了大家的注意，纷纷问，怎么啦？萧红平淡地说：

"怪我自己不小心，走路跌的。"还补充，"那段路灯坏了，看不清……"

聚会结束，走到街上，有人提醒萧红脚下小心，别再跌了。萧红小声答应着。走在一旁的萧军忍不住大声发话了：

"跌什么跌呀，她那脸上的青，是我打的！"

大家看看萧军激愤的样子，一时哑然。萧红也不看他，淡淡地一笑：

"你们别听他的，不是故意打的，是他喝多了酒，一时失手……"

萧军十分厌烦：

"不要为我辩护……我喝我的酒……"

萧红眼里的泪水无法控制地溢出。

在这里有人会对萧红发问，你脸上挂着青，而且那么大，干吗不在家待着，要跑出来呀？你这是开展览会呀？这样不管不顾的，你是想让自己难堪，还是想让萧军难堪？确实，对于一般的人，都在家里待着了，用八抬大轿去抬也不会肯出来。可萧红不是这样，她想定的事就一定去做，不会十分顾及他人怎么看。脸上也就是青，想看，看好了。难道因为有青就把自己封杀？

这之后，有人看到萧红和萧军在街上走，萧军大踏步走在前面，萧红跟在后面，很少看见他们并排走。

萧红与鲁迅的夫人许广平

萧红陷入了痛苦，而很多人都偏向萧军一方，对萧红的目光都有些捉摸不透的怪异。萧红没地方去，就一个人来到许广平那里。许广平永远那么慈和、善良，静静地听她说，像一个母亲一样安慰她、开解她，让她的心慢慢平复下来。

一天，萧红到黄源家，刚好碰到萧军跟黄源、许粤华夫妇谈话。萧红发现她一出现，他们的谈话停下了。萧红向他们打过招呼，见许粤华躺在床上，窗户开着，就说："你这样不冷吗？"想把大衣给她盖上。黄源说话了："请你不要管。"萧红立刻从三个人僵木的脸上看出不愉快的原因。他们刚才一定是谈过与她有关的重要的话了，黄源对萧军不满，却又无可奈何，于是把气撒到我身上？凭什么撒到我身上？萧军的过失，难道要我萧红买单？萧红强烈地感受到，在这男权的社会里，自己虽是个作家，虽能写各种各样文章，虽经常出席这样那样的会议，但充其量只是萧军的一件附属品！萧军不悦了，大家立刻就开始注意他、关心他，不仅不问萧红的情况怎样，相反还暗怀不满地指责：你为什么让萧军不悦？萧红在她最后生命垂危的日子里，感叹"女性的天空是低的"，正是基于这一次次的经历与感受。

幻想破灭了，萧军不但不爱她，甚至连起码的尊重都没有。

萧红要跳出情感的陷阱，实行自救。

如何救法？

逃逸。

为了抗拒父亲专制的婚姻，萧红逃到北平；为了挣脱福昌号屯的囚笼，萧红逃到了哈尔滨；为了捍卫爱的纯洁，萧红逃到日本。逃逸，是萧红一贯采取的隐忍的以退为进的斗争方式。她是女人，她无法金戈铁马鸣金杀伐，她只能选择逃逸，因为唯有这种方式是纯粹个人化的，完全由自己操纵。

于是，她把再分开一段日子的想法告诉了萧军。萧军知道挽留不住，一切都是自己导致的，只得同意。

　　萧红此番逃逸的具体时间是：1937 年 4 月 23 日夜。

　　在夜色中，萧红登上了赴北平的火车。

5

　　萧红这是第二次来到北平。

　　曾经追梦的北平，曾经伤心的北平，这一回又能是怎样的结果呢？其实这一次跟上一次一样，在开始的时候就已注定了结局。区别只是，上一回的败回是因为钱，这一回的败回是因为剪不断、理还乱的一个"情"字。

　　据说萧红登上北上的火车后，萧军回到人去室空的住处，"哇哇"大哭。哭什么？哭萧红的离他而去？哭自己的孤独无爱？一瞬间，他似乎顿悟了一个对他来说深刻而伟大的道理：在这世界上，唯一真正最深最深爱着自己，最深最深了解自己的，唯有萧红。一个刚猛雄武的汉子居然哭了，这还是萧军吗？这就是萧军，一个人性十足而又具有人性弱点的萧军。

　　在北平这边的萧红呢？虽怨着、恨着、痛着、伤心着，甚至咬得牙根生痛，但其实跟在东京时区别不大，还是有些丝丝缕缕地放不下。这种爱，已经深入到生命的底里，成了血管中流动的血液，肺叶中呼吸的空气，要停止，除非生命结束。于是，当萧红一接到萧军悔过的信，一颗本来覆着一层冰霜的心，立刻融化了，暖暖地冒出了热气。冒出热气还不足已，那大大的眼里一定还盈出了晶莹的泪。这就是萧红，唯情的萧红，痴痴傻傻的萧红，可爱的萧红。令人不平的是，如此深爱着你的可爱的女人，你萧军，凭什么不加以呵护珍惜，却屡屡地让她伤心，让她流泪，逼她逃逸？！

萧红要沉淀一下自己，她要转转，她可能去了师大女附中。一别几载，物是人非，往事如梦，萧红一定是感伤无数。

萧红好不容易找到老朋友李洁吾。萧红穿的一件黑色的大衣，风霜几载，容貌是否有了不小改变，李洁吾竟一下没把她认出，萧红倒是一眼认定他就是像冬天小火炉一般给她温暖给她爱护的李洁吾。萧红任情任性，也不顾及李洁吾的妻子就在旁边，激动得忍不住张开双臂一下将他抱住，弄得李洁吾都有些不自在。

萧红在李洁吾家小住了几天。她想着萧军，将随行李带着的一张萧军放大的照片很端正地放在桌上。

向爱人倾诉已成了萧红生命的需要，因此信肯定是要写的。她劝萧军不要总是喝酒，酒会伤肝。5月9日在给萧军的信中，她针对萧军以前对她"为了恋爱忘掉了人民"的批评，尖刻地嘲讽萧军："但此时我并不过于自责，'为了恋爱，我忘掉了人民，女人的性格啊！自私啊！'从前，我也这样想，可是现在我不了，因为我看见男子为了并不值得爱的女子，不但忘了人民，而且忘了性命。何况我还没有忘了性命，就是忘了性命也是值得呀！"很显然，这里的"男子"和"并不值得爱的女子"，是指萧军与许粤华。5月4日，萧红在给萧军的信中，禁不住倾诉了自己内心的痛苦，语言很激烈：

> 痛苦的人生啊！服毒的人生啊！
>
> …………
>
> 我哭，我也是不能哭。不允许我哭，失掉了哭泣的自由了。我不知为什么把自己弄得这样，连精神都给自己上了枷锁。
>
> （萧军《萧红书简辑存注释录》）

萧军在给她的复信中是这样安慰的：

> 对无论什么痛苦，你总应该时时向它说："来吧！无论怎样多和重，我

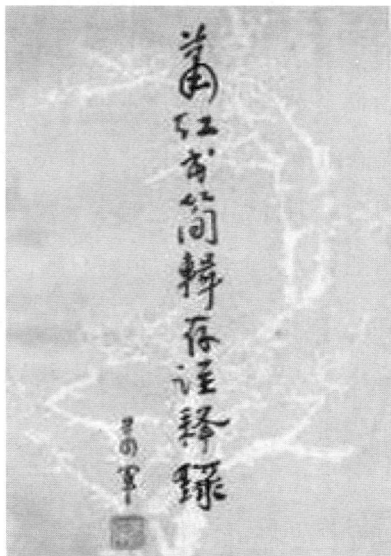

《萧红书简辑存注释录》，萧军著

总要肩担起你来。"你应该像一个决斗的勇士似的，
对待你的痛苦，不要畏惧它，不要在它面前软弱了
自己，这是羞耻！

（萧军《萧红书简辑存注释录》）

这是一种钢铁的理论，是对待机器的方式。萧红为什么要对你说那些？她渴望的是些什么？自以为是的萧军根本没有读懂萧红。萧红对她的回复是："你说的是道理，我应该去照做。"显然是失望的，不能接受的。这是机器对机器的方式。

为了从我的小圈子里跳出，呼吸天地自然的空气，5月11日这一天，萧红与舒群相约，一同去游长城，登八达岭。他们走走停停，停停走走，一直爬上最高的烽火台。之后，她在给萧军的信中说："真伟大，那些山比海洋更能震惊人的灵魂。到日暮的时候起了大风，那风声好像海声一样。《吊古战场》文上所说：风悲日曛，群山纠纷。这就正是这种景况。"长城的宏伟壮观，天地山川的博大雄奇，给萧红的内心以很大的感动，使她暂时从个人情感的纠结中解脱出来，得到一种可贵的平静。

不久，萧红收到萧军的来信，说他近日睡眠不好，旧病复发，请求萧红速回。萧红也不去考虑是真是假，或者夸大其词，急匆匆收拾行李回返。

其实萧红潜意识里早就渴望回了，只是一时找不到由头，萧军既然来信，那正好给了她一个冠冕堂皇的台阶。

这一次的逃逸比东京的短，前后不到一个月。

一次次被击碎

在考虑萧红与萧军的关系时，我眼前总屡屡出现萧红那条修长细白的手臂上，几道粗粗的青黑色的印道。请注意，这不是涂抹上去的，也是不烙上去的，而是一双铁钳一般有力的大手抓捏出来的。

关于青黑手印的故事，我在多种萧红的传记或评传中看到。大意说的是：在上海，一次萧红跟萧军在霞飞路穿越马路，萧军伸手抓住萧红的手臂。萧红随他过去之后，突感疼痛，挽袖一看，手臂上出现了几道粗粗的红印，至晚，红印变成黑印。

萧军显然是爱萧红的，他一把抓住萧红，是出于安全考虑，怕萧红被汽车撞着。萧红过马路是不是不够文明，有过不守交通规则的前科，不知道，但萧军反正对她不够放心，就像一个父亲对自己上小学过马路的孩子不放心一样。可父亲对孩子是"搂",你怎么是"抓"?而且用出那么大的和牛劲,以至留下青黑的印道?你是抓笔杆子的人,难道是武林高人?

萧军就是这样,心理上总把萧红视为弱小,处处以保护者自居——他自己曾经说过,这种保护者的身份,很让他心里得到满足,甚至骄傲——动辄将萧红置于孩子的地位。可他没有想到,萧红作为女子,虽弱些,又有这样那样的病,但心理与人格是健全强大的。她在生活中,甚至两人相亲相爱的各个方面,都需要一种足够的平等与尊重,这种平等与尊重应该是自然而然的,发自内心的,一丝一毫粗糙不得,因为萧红的身世经历与心性决定了她对这一条要求特高,超越常人。

萧军的强势,萧红的倔强,使得他们在观点不一时,经常发生争执。夫妻争执本来是常事,可他们争起来却是炮火连天,弹痕遍地,谁也不愿让一步。萧军血气足,嗓门大,气势磅礴,有一种泰山压顶之势,而萧红自觉道理全在她一边,可声音没他高,气又弱,总说不过他,嘴唇抖起来,一发急,就扑上去抓他、扯他、咬他,把眼泪鼻涕糊到他身上。可坐在床边上的萧军大笑着一闪身,萧红扑了个空,身子趴到床上,萧军乘机按住她,在她屁股上大人打孩子一般使劲拍了两巴掌。萧军的这一做法,在他看来是率性而为的小事,但对萧红来说,是"谑近于虐",自尊受到了极大伤害,心里怎么也不能接受，眼泪汩汩地出来了。萧军老年之后，在《萧红书简辑存注释录》中曾对此做过分析：

> 我的主导思想是喜欢"恃强"，她的主导思想是过度"自尊"。
>
> 她最反感的，就是当我无意或有意说及或玩笑地攻击到女人的弱点、缺点……的时候，她总要把我作为男人的代表或"靶子"加以无情地反攻了。有的时候还认真生气，甚至流眼泪！一定要我承认"错误"，服输了……才肯"破涕为笑""言归于好"……我有时也故意向她挑衅，欣赏她那认真生气的样子，觉得好玩。
>
> 如今想起来，这对于她已经……那时自己也年轻，并没有想到这会真的能够伤害到她的自尊，她的感情！
>
> （萧军《萧红书简辑存注释录》）

1935年，萧红与萧军来到上海。一天，胡风与夫人梅志去看萧红，见萧红腰间扎着一条红围裙在收拾房间，问她："怎么一个人在家？萧军呢？"萧红笑道："人家到公园用功看书去了。你们看吧，等他一回来，一定会批评我不看书学习。"随即又补充道："你看这地板上尽是脚印，不擦行吗？

1935年，萧红与萧军在上海

脏死了，我看不惯。"

　　不一会儿，萧军回来了，腋下夹着书，热情地与胡风夫妇打过招呼，就坐下来热情洋溢地大谈读书的感受，突然转头用一种批评的口吻对萧红说："你就是不用功，不肯多读书，你看我，一大早看了大半本书！"

　　萧红觉得很不平，对胡风夫妇说："你们看，不是来了？我在家做了这么多事，让他去公园看书，还好意思说！"

胡风夫妇哑然失笑。

萧红一向敏感而自尊，在与人相处中，她很注意尊重别人，同时也需要别人——包括自己最亲近的人，对她的尊重，可萧军却经常注意不到。在萧军眼中，萧红是个女人，身上有着这样那样的缺点毛病，用他日记中的话说，"她是透明的，但不是伟大的，无论文和人""我应该尽可能使她按照她的长处成长，尽可能消灭她的缺点"。萧军的这种观点挺可怕。夫妻之间应该相亲相爱，不断磨合，如果有不同于自己的观点，应该切磋或包容，怎么可以"消灭"？"消灭"，把对方放到什么位置了？都是独立的生命个体，而不是一块泥塑，怎么可以完全按照你的标准来拿捏？你的标准就一定放之四海而皆准吗？上帝赋予每个生命体同样的权力，彼此平等，相互需要尊重。

萧红与萧军在文学观念上也经常发生冲突。一次萧军从外面回来，拿起玻璃杯倒水喝，萧红立刻对之作了描写："他用玻璃杯子喝着水，就好像吞着整块的玻璃。"萧军立刻指出这样描写不对，应该是："水在杯子里动摇着，从外面看去，就像溶解了的玻璃液，向嘴里倾流……"萧红不能接受，觉得自己的好。萧军指出："那是近于笼统的、直觉的，是一种诗式的句子，而不是小说，那是激不起读者感受的。"

谈不拢，于是争吵起来，互不相让，都很激动。正巧这时鹿地亘夫妇进门，于是请他们裁决。鹿地亘夫妇听他们说了，直接表态担心他们不悦，就在纸上写道："两者各有千秋，一个注重感觉，是纯心理性的描写；一个注重写实，是现实主义的笔法。内容都是一致的，只是表现形式有些差异。"

鹿地亘的评判是很到位的。艺术本来就千姿百态，怎可以一枝独秀，杀伐其余？在萧军眼中，萧红是他拉扯出来的，她的第一篇小说《王阿嫂的死》，是他找方未艾在《国际协报》副刊上发表的。没有我萧军，哪有你萧红文学上的今天？不错，萧军在萧红的成长历程上，确实发挥了极其重要的作用，但"弟子不必不如师，师不必贤于弟子，闻道有先后，术业有专攻"，萧军不应该不知道这样的道理。萧红如今已在蓝天上飞翔，而且飞得很好，飞得很高，为什么你还想充当教练，让她效仿你的飞法？你的飞法难道就是世上最好的飞法吗？

一次，萧红、萧军、端木、蒋锡金讨论什么样的文学作品最伟大，萧军高声大嗓，发起谬论："以我之见，文学作品中长篇小说最伟大，中篇小说次之，剧本需要演出，不算它，至于诗呢，那最不足道了！具体说到我们这几位，我正在写长篇小说《第三代》，当然最伟大了；端木写了一本长篇《大地的海》，听说已交开明书店出版，本也可以进入伟大之列，但不幸在江上被日本飞机扔下的炸弹炸掉了，所以也就不能算；萧红准备写长篇，但我看她还没有到那个火候，目前只

萧军、蒋锡金、萧红、罗烽合影

适合写点散文短篇小说之类的小玩意；锡金呢，诗人，一行一行地写诗，像个什么？"他故意冲蒋锡金翘了个小拇指："你是这个！"蒋锡金知道他在开玩笑，就不理他。萧红与端木听不下去，就与他争论起来。正在这时，胡风进来，见他们争得热火朝天，就问争什么？听他们一说，不由笑起来："好得很呀，可以把不同的观点写出来，发在下一期《七月》上，让更多的人来参加这场讨论。"过了两天，胡风来向他们讨要稿件，萧军交了稿。胡风看了，连连点头。萧红觉得奇怪，要拿过去看。一看，惊讶地指着萧军叫起来："你这人太不要脸了，你怎么可以把我们驳斥你的话都当成自己的观点呢？"说着，气得眼泪哗哗地流下。萧军仰着脸大模大样地对萧红说："你怎么骂人，再骂我揍你！"萧红哭得更凶，扑上去握拳捶他。萧军只好让她捶，笑着说："要打你就打几下，我要还手，你们都吃不消。"

在场的人都觉得，萧军虽说的是玩笑话，但这当中充分暴露了他大男子主义的毛病，不仅对萧红的自尊心是一种伤害，对大家也不恭敬。

特别是在上海两人关系恶化时期，一天晚上萧红睡在床上，萧军和他的朋友在外间屋里说话，不知道怎么议论起萧红的创作。萧军说："她的散文有什么好的？"萧军的一个朋友立刻顺应他的话说："是呀，结构就不够紧凑。"这个人说话的口气是轻蔑的，而且还在萧红的家里。萧红受不了了，立刻从里面走出来。萧军与他的朋友不得不把谈话停下，萧军不无愧疚地问："你怎么还没睡着？"

萧红说："没有。"

眼睛里流露出冷峻的目光。

就在这天夜里，萧红从床上爬起，简单收拾了一下行李，从箱子里所有的 12 元法币中取出 6 元，其余的一半留给萧军，悄悄离开了。

萧红在做人风格上与萧军迥别，她对别人，不仅是尊重，而且体贴入微。

1938 年 4 月，萧红在武汉参加《七月》杂志社召开的一个座谈会，与会的有胡风、端木蕻良、鹿地亘、冯乃超、楼适夷、宋之的、艾青等，会上萧红作了发言，阐述了自己的文艺思想。会议临结束，萧红发现好些与会者，特别是一些年轻作家，都有自己的思想观点，却一直没有发言的机会，萧红觉得有些不妥，于是写出了自己书面的意见："下次座谈会一定要请人记录，像今天这样，程序不完整，不能称之为座谈会。发言是需要时间的，有的人讲的时间可能会长些。因此，一个会只能容许少数人发言，即使我们有刊物，也只能是重要的谈话才能够发表。我发现，今天的会上有半数的人只是干坐着，而没有听到他们的声音。我看到他们感到寂寞的样子。这是对于同坐人的不敬。"

从这里我们可以看出萧红坦荡的胸怀和对他人尊重的品质。

可悲的是，萧红在现实中，她的自尊却一次次被击碎，碎如青瓷，碎如玉。

分手是一种必然

两萧的分手，不是因为不爱，而是因为爱的变异。

萧军说："如果按音乐做比方，她如同一具小提琴拉奏出来的犹如肖邦的一些抒情的哀伤，使人感到无可奈何的，无法抗拒的细得如头发丝那样的小夜曲；而我则只能用钢琴，或管弦乐器表演一些 Sonata（奏鸣曲），Sinfonia（交响曲）！……钢琴和提琴如果能够很好地互相伴奏，配合起来当然是很好的，否则的话也只有各自独奏合适于自己特点和特性的乐曲了。无论音量、音质和音色……它们全是不相同的。"

萧军有着豪侠勇武的军人做派，又有传奇历险的特殊经历，这铸就了他审美上独特的趣味。晚年他回顾与萧红的关系，感觉到自己是属于"厉害"而"很有魄力"的人物，萧红本质上对这一类型的人物并不由衷地喜欢；同时他也坦言，他"并不喜欢她那样多愁善感、心高气傲、力薄体

275
分手是一种必然

弱……"的人，认为两个人的结合是"历史的错误"！还说，"我爱的是史湘云或尤三姐那样的人，不爱林黛玉、妙玉或薛宝钗……"

萧军对萧红的这种归类是不正确的。萧红委实"心高气傲""力薄体弱"，但并不如他所说的"多愁善感"。她是敏感、细致，具有强烈的爱的需求，而且对感情具有极高的纯度。萧红并非斤斤计较的小女子，她在一些特殊的时候，一些关键的问题上，表现出了坦然豁达的气概。萧红并非不崇敬粗大、宽宏的灵魂，但这样的灵魂必须是包容细微和弱小者的，而萧军的问题是，他并不具备后面的特质，这让萧红不能接受。因此，萧军虽爱萧红，但自始至终并没有把萧红完全读懂，对萧红理解体贴得时常不完全到位。

从萧军的角度说，除了上述类型上的区别与审美上的差异外，导致两人的分手还有另外一个不为萧军所承认、但却客观存在着的潜在因素：萧红的文学成就与声誉处于萧军之上，对他形成了压迫。

在文学上，萧军在萧红面前一直自视甚高，觉得萧红是他的追随者，跟他比，永远存在着无法消除的差距。因此，萧军一向很自负，把自己放在一个导师的位置。可是到了上海以后，萧红出版了《生死场》，之后《商市街》《桥》《牛车上》《旷野的呼喊》这一连串的小说散文集又相继问世，萧红在文坛上地位日耸，发出光辉。据许广平《追忆萧红》中讲，鲁迅在向他人推荐他俩作品时，曾委婉地说，就手法的生动而言，《生死场》比《八月的乡村》略胜一筹。在谈及两人的未来时，鲁迅认为，萧红是更有希望的。一次，鲁迅接受斯诺夫人访问，在回答谁是当今最

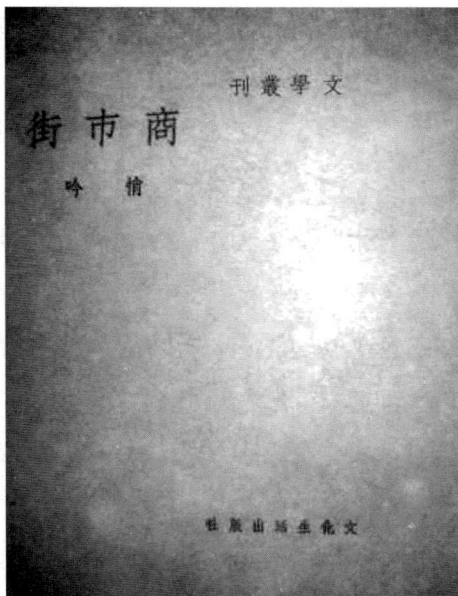

散文集《商市街》初版封面

优秀的左翼作家时，鲁迅列举了一串人，当中有萧军，同时指出，萧红是当今中国最有前途的女作家。胡风也经常当着萧军的面夸萧红，说她的写作才能在萧军之上。萧军靠技术工力，而萧红是凭个人感受与天分。萧军深刻，萧红生动。深刻那是哲学家的事，生动才是艺术的本质。这些文艺界著名人物的说法，对于大男子主义倾向严重的萧军，无疑造成了心理阴影，这不能不说是他们最终分手的潜在原因之一。

从萧红的角度看，她受萧军最直接的伤害，是萧军一次次感情的出轨。出轨本身已是错误，而有了错误还自以为是，

不向萧红致歉，一意孤行，这就错上加错，对萧红构成更大的伤害。这方面的事例前文述及甚多，这里不赘。

当然，分手成为必然，还因为这时出现了一个重要推手：端木蕻良。

端木与萧军是属于截然不同的两种类型。萧军出生贫苦，曾经流浪，是个赤手空拳的无产者；端木乃大家之后，血液中有着贵族的分子。萧军粗野雄莽，有尚武精神；端木儒雅斯文，有小布亚乔亚情结。萧军为文求实，重思想，求气势，践行现实主义之路；端木尚旨趣，求韵致，有唯美主义的倾向。对于这两种类型，从萧红的本质趋向上看，她应该与端木更容易接近。而端木的出场，偏巧又是两萧矛盾重重、情感纠结之秋。端木登堂入室，最终取代萧军的地位，也就势在必然了。

长期的恩爱情怨，使得处于痛苦之中的萧红先东京，后北平，一逃再逃。理智上萧红清楚地知道应与萧军分手，可情感上千丝万缕地连着，剪不断理还乱，舍不下这朵苦难中开放的爱情之花。但随着矛盾的不断升级，1938 年 2 月至山西临汾，俩人在何去何从上发生了一次观点上最大的冲突。萧军一意要去打游击，而萧红反对这样的抉择，要他从事更便于发挥自身长处的工作。为了说服他，与他不分离，萧红已苦苦哀求了："我一身的病，我感觉我的生命不会太久了，你就一定要离开我吗？"

端木蕻良

萧军仍不为所动，坚持要去打游击。离开临汾的前一天晚上，萧红躺在床上怎么也睡不着，跟萧军急了："你这人怎么总是不听别人的劝，该固执的时候固执，不该固执的时候也固执，简直是'逞强主义'！你去打游击，你未必会比一个游击战士的价值更大些，万一……牺牲了，以你的年龄，你的文学才能……这损失，并不只是你自己的呀。我也不仅是从'爱人'的角度，我知道这会引起你的憎恶与鄙视……我是想到我们的文学事业……"

萧军从床上坐起："人总是一样的。生命的价值也是一样的。战场上死了的人不一定是愚蠢的……如果为了使这世界上的奴隶们摆脱枷锁需要牺牲，那么谁应该作出这样的牺牲？"

萧红也坐起来："你是有自己岗位的。什么叫'人尽其才，物尽其用'？你简直是蛮横无理，胡来……"

"好吧，你就尽你的才去吧，我们还是各走各的路。万一我死了——我想我不会死的，我不是没有当过兵——我们再见了，将来要是乐意在一起就在一起，不然就永远地分开……"

"好吧，分开就分开！"

就这样，两人越争越激烈，无法调和，谁也不肯让一步。认识的差异固然是客观的，但长期积聚在心中的各种不满与怨恨借沟出水式地要来一个总爆发，却是更为重要的潜在因素。其实几年以前萧军就曾想去打游击，只是当时萧红病着，萧军放心不下。之后萧军频频外遇，一颗心早已不全在萧红身上。到上海后，其实他心里就有了与萧红分手的打算，只是一直等萧红开口，意在完整地保全自己道义的形象。而当时的萧红一往情深，虽痛着，却又爱着，舍不得，放不下，全没有想到萧军对自己厌烦到这种程度。但在临汾的萧红已远不是之前单纯幼稚、孤独无助的萧红，她对萧军有了许多痛苦的感受与认识。她有过与鲁迅先生相处的日子，她去过东京和北平，一个人在异乡的独处让她有过若干的思考与沉淀，此外还有巍巍长城的登临、茫茫大海的航行、战争逃亡的阅历，这都使她养成了超越小小自我的能力，眼中有了更开阔更博大的境界，况且现在她的身边有端木，他那么懂她、欣赏她、体贴她，还有许多可以依赖的朋友，有一部部像春潮一般激荡在心中等待去写的小说。因此，她有足够的勇气与能力放下萧军，摆脱萧军。季红真先生对两萧最后的分手是这样归结的："从本质上说，她与萧军的结合是偶然的，其分手是必然的。表面上看是人生抉择的差异，实际上他们的感情也已经完结了。"因此，临汾之夜两人争吵，最后萧军控制不住地说出"分开"，是内在心迹的一种流露，而萧红说"分开就分开"时可能很冲动，但我以为这冲动只是前面语势的一种惯性，她的内心其实已趋向平静，因为分手这一无法逆转的结局，萧红在理性上早已接受。

发生争执的第二天，萧红随丁玲的西北战地服务团出发。晚上的火车，天气很冷，月黑风高，坚持留下打游击的萧军特地赶到车站给萧红送行。他在摊点上买了两只梨给萧红，萧红心想，我经常肚子疼，不吃梨，你难道不知道？如果知道，还这么送梨给我，是取"分离"的意思？

萧红接过他递到手上的梨，忍不住泪水涌出眼眶。萧红叮嘱他要注意身体，不要贪喝酒。萧军也要她别只顾写作，要多多休息。

萧红知道，这是真正的分手了，虽在依依惜别，但已经

1938年，萧红与丁玲在西安

有了不少朋友式的礼仪客套。望着夜色，萧红满心悲凉。

火车开动前，萧军还有个"托妻"之举。他找了跟萧红同行的聂绀弩，告诉他，他们俩基本已经分手，请聂绀弩对萧红关心照顾，她没有处世经验，遇事很容易吃亏。

据端木后来分析，萧军是希望萧红与他分手后，能与聂绀弩结合。

萧红当时对这一情况丝毫不知，如知道，定然生气。我是一样东西吗？你可以把我随便转来转去吗？

分手是在 2 月，萧红没想到，3 月里的一天，他们居然又碰到了。原来萧军打游击未成，赴延安，遇到丁玲、聂绀弩，二人劝他随他们一同回西安参加西北战地服务团工作。萧军接受了建议。

那天，萧红与端木听说丁玲从延安回来，一同去看她，不想遇到了风尘仆仆的萧军，两人同时一愣。萧红这段日子与端木常在一起，已很亲密。萧红注意着端木，她看到端木很快镇定下来，绅士地张开双臂上前与萧军拥抱，可她从端木神色里分明感觉到一种潜在的不悦与纠结。端木拿刷子刷着萧军衣服上的灰尘，问候道："这一路上辛苦啦！"萧红只觉得端木这时心里想的是，他这一回来，不

萧红在西安

得太平了！萧红见萧军不太搭理人，自顾自地走到一旁洗脸，不愿让这种气氛复杂下去，就走过去微笑着对萧军说："我想跟你说，我们，永远地分开罢！"

萧军正手托着毛巾洗脸，好像早就等着这句话似的，平静地回道："好的。"同时直起腰，用毛巾反反复复擦着脸和头发，头发被擦得蓬乱。

萧红听到他"好的"这两个字觉得足够了，也不想再给他多说什么的机会，立刻转身走了出来。

当时屋里还有其他人，全部哑然。

据端木的《我与萧红》记载，接下来还有惊心动魄的一幕。端木离开丁玲宿舍回到自己住处，没想到萧红也跟了进来。萧红还没定下神，萧军大踏步追来，粗声粗气道："萧红，你和端木结婚吧！我和丁玲结婚！"说完，手在屋里一张破风琴上按了几下，发出一阵刺耳的声音。

萧红和端木都被他失态的样子惊住了。萧红生气地说："你也太自以为是了！你和谁结婚是你个人的事，我和谁结婚，要你来指使吗？"

这时的萧红已经怀孕，怀的正是萧军的孩子，可能正是因为这一点，萧军接下来一次次找萧红谈判，并且提出要与萧红恢复关系。萧红觉得受到了极大的侮辱。你跟我离婚，把我当包袱一样丢给别人，如今想复婚了，又要我俯首帖耳听你的，天下哪有这样的怪事？萧红对端木说："这种人很危

1938年，萧红与端木蕻良在西安

险，绝对不能跟他生活在一起！"

一天晚上，萧军突然闯进端木的宿舍，吼道："端木你起来，我要跟你决斗！"

端木看他那样子很别扭，问："决斗？到哪决斗？"

萧军说，城外。端木说，决斗要有程序，双方必须要有证人。萧军说，不需要，就咱俩。萧红发现情况，立刻赶来，厉声警告："萧军，这是八路军办事处，不是马路街头，你少来蛮不讲理的这一套！我警告你，你把端木弄死，我也把你弄死！我的性格你清楚，这点你该相信，我劝你，忍耐些！"

萧军望着萧红，最终退出了。

待到 4 月下旬，萧军离开西安，去了新疆。

6 月，萧军在新疆与一个叫王德芬的姑娘订婚。婚后生有八子，相守终生。

在萧军订婚前的 5 月，萧红与端木喜结连理，在汉口大同酒家完成了婚礼。

第七章　心灵的奥区

萧红的故乡

我在中国地图上寻找呼兰。

它在大公鸡的鸡头处，中国最东最北的地方。它是松花江的支流，呼兰河这把银色的大弓射出的一支箭的箭镞，又像荒烟蔓草中的一块土疙瘩、一片瓦砾，很小，很不起眼，非穷尽目力不能将它找到。

2013年冬，我与一位文史专家朋友从哈尔滨出发前往呼兰。车过松花江铁桥，不足20公里就到。20公里，在高速公路发达的今天约等于零，但在100年前冰天雪地的东北，可是一个宇宙空间的距离。随行的朋友告诉我，那时的呼兰偏远闭塞，十分落后。城里街道狭窄，坑洼曲折，说不准哪一段就出现一个《呼兰河传》上写到的那种大坑塘，马车陷入，车轱辘在泥浆里打转，围上许多看热闹的闲人（朋友说到这我插话，我说萧红笔下的大坑，马车陷落的情形，尤其那一大群麻木不仁的人围观的状态，其实是当时病态中国的缩影，萧红是自觉不自觉地采用了象征主义手法，对中国社会进行了一次漫画式的描写）。朋友接着说，小城冬季最低气温零下30多度。一年之中，将近四个月飘着白雪，最大冻土层可达3米，呼兰河从十一月封冰，直到第二年三四月才开始解冰，冰封期长达5个月。长期的严寒迫使人们棉衣棉帽，臃肿不灵，脑瓜子也变得僵木。熬到来年，天气晴暖，人们从土屋里走出，于是街道两边屋檐下聚集起晒阳、聊天、抽烟袋的闲汉，话语的主题不是家长里短，街坊纷争，就是陈谷子烂芝麻的前朝旧事。你要出远门？好哇，上木架大车，要是冬天，就换成马拉、骡拉或狗拉的爬犁。很深的雪，雪道两边是高高的雪墙，爬犁在板硬的雪道上跑，"喳啦啦"一派脆响，雪粒冰碴飞到空中，打到脸上，在阳光下一闪一闪发亮。这情形在今天都市人看来是挺迷人的风光，不是好些人冲着它不远万里，坐火车、坐飞机赶到这冰天雪地消遣享受吗？可100年前的呼兰人没有这样浪漫的情致，他们所感受到的只是一种出行的不便，一种受冻的苦。好在老天爷对这里的子民比较偏爱，他让这里水源丰足，极易跑马占荒，繁衍子嗣。那种只求活着、不图发展的生存理想，在这里最容易实现。一个普通百姓只需半年时间，就可把一年的吃用忙乎下来。因此，呼兰人在用老黄的土纸贴上窗户阻挡寒风的同时，暗中也包含了这样一种生活态度：我们不需要看到外面世界，我们"三个饱一个倒"够了。他们把门窗封闭，一年中有半年的时间在屋里"猫冬"。猫冬是一个比喻的说法，像怕冷的猫那样蜷缩着。

就是这个呼兰，她是萧红的故乡。

月是故乡明，何以"明"？移情的作用。故乡是人们心灵的高原，精神的殿堂，灾难后的温泉疗养所。一个人，不管你走到哪，走多远，远在百里千里万里之外，甚至异国他乡，到了一定时候，都会踏上一条回家的路。

可是，萧红没有。

20岁，她坐着一辆运送大白菜的马车逃离家乡，从此呼兰便离她越来越远，她一路漂泊，漂泊到北平，漂泊到青岛，漂泊到上海，漂泊到东京，漂泊到山西，漂泊到重庆，漂泊到香港……如一只被恶浪击破的小舢板，一直在风雨飘摇中颠簸摇荡，直到生命终结，再没有回来。

没有回来，是因为这片土地曾经给她太多的苦难、太多的痛，这些记忆一直浸泡在泪的湖中耸立在那里，使她无法回首。

没有回来不是不想。1934年6月，为了免遭白色势力的迫害，她不得不离开大连，坐上开往青岛的海船，当她面对茫茫海天，急雨惊风，而落在背后的东北大地离她越来越远时，她不想家乡？1936年7月，萧红远渡重洋，孤居东京，走在异国的街头，语言不通，举目无亲，早晨醒来，耳中听到的除了远处不时传来的一两声清寂的木屐，再没有一丝生动的气息，整个是一种空荡荡的静，静得让她心慌，静得让她内心变得空洞，这时她不想家乡？

她想。

在《沙粒》（之十八）里，她把她的想化成了诗句：

> 东京落雪了，
>
> 好像看到了千里外的故乡。

这是一种多么让人感动的想呀！

在呼兰，有她的父老乡亲，有她的祖坟。呼兰天空的那种蓝在别处是难以遇到的，呼兰河水的清亮是别的地方无法比拟的。老家后园里的美好记忆捂在心里，永远是一罐甜甜的蜜！那卖小吃的篮子里的糖麻花、油麻花，打着拨浪鼓货郎担子里的各种小玩意，还有跳大神、唱秧歌、放河灯、演野台子戏、四月十八娘娘庙会，还有许多忘不了的人：有二伯、小团圆媳妇、冯歪嘴子……它们像一颗颗星，不时在她心灵的夜空发光。

很可惜，老天没有给萧红回来的机会。如果天假其年，她一定会回来。回来了，先到家中坐坐，然后到后园里转转，随手掐一朵花，细细看，再到大街上，看看景。当年的那个最大的铺子跑哪去啦？呼兰河肯定要去的，那是她小时候最渴望去，母亲却又最不让她去的地方。萧红记得当年她有一个想法：这一河的水可以流到很远很远的地方，那很远很远的地方是什么样子呀？今天回到了呼兰河，她要在岸上走一走，把目光放开去，试着在那白光光的河面上寻找一两片记忆中的风帆。

可惜，萧红没有能回来。

永远……

心与心之间

　　萧红与萧军到达青岛的时间是 1934 年 6 月，住的房子是舒群为他们租的，地点在观象山的山脊上，整个是一幢小楼，他们住在二层。

　　第一次到新居，萧红一口气跑到楼上，凭栏放目，立刻笑了。海呀，蔚蓝色无边无际的海呀，就在面前。从大连坐船一路往这青岛走，都是黑沉沉的夜，海是一团滚在墨里的铅，没法让人欢喜。此刻眼前的海，才是海呢。转身看看，哈，背后还有山，树木青青、峰峦青青，青青的峰峦上还有白白的云，云凝在那里，不走，在看她。看什么？我是萧红，你是谁？萧红好喜欢这个环境，这里背山面海，景象壮美，又很安静，读书写作，一定很好。

　　舒群还介绍萧红与萧军兼任《新女性周刊》和《晨报副刊》的编辑工作，每月有固定收入，这使他们经济上不再像以前那样捉襟见肘了。萧红心情很好，经常用一根天蓝色的绸带束在头发上，穿着后跟磨去一半的旧皮鞋出门买菜，回来做俄式大菜汤，在有柄的平底小锅里煎油饼。他们新结识的朋友张梅林经常过来玩，也被他们留下吃饭。吃着萧红亲手做的饭菜，萧军与张梅林连连叫好，三人异常开心。

1934 年，萧红在青岛

　　萧红做完《新女性周刊》编辑工作，便将大量的时间投入到《生死场》的创作中。在他们住的旁边有建筑施工，白天经常听到石匠们叮叮当当凿打石头的声音，这让萧红联想到家乡货郎的梆子声。萧红停笔遐思，想象着那一批劳动者，胖手胝足，一身汗水，在烈日骄阳下为衣食卖力的情景。他们跟她在家看到的赶车的、种地的、拉磨的，都是一样，都挣扎在社会最基层的缝隙里，为了不被饿死、冻死，仅仅像动物一样活着，每日不停地重复着一种机械而繁重的事情，他们都是一些苦人。萧红这么想着，心里就有了一种情绪，这种情绪便自然而然地进入了笔下人物的身上。萧红沉醉在写作中，回到了故乡的麦场，回到了许多熟悉的人物与牲畜中间，与他们一同承受着黑暗又抗拒着黑暗，接受着奴役又摆脱着奴役，爱着、恨着、昏昧、争斗、觉醒、奋争，血在流，倒下去的同时，又迸出新生的力量……萧红沉湎在这种创作中，忘记了现实给予她的所有遗憾与疼痛。

写作之余，她常出来转转，看海、看夕阳、看山。萧红本来知道，大海在一天不同的时间，会呈现出赤橙黄绿青蓝紫不同的颜色，而且由深到浅，或由浅到深，如今是真正领略到了。那山也是，随着一天里太阳位置不时的转换，它的光影、明暗都在发生着变化。因为在创作《生死场》，萧红没有富余的时间，不然她是一定要支起画架，过一把写生的瘾。

除了看海看山，萧红有空还喜欢跟邻居们说说话。在萧红住处的左边，住着一位老太婆。在萧红的楼上，住着一个带着三岁左右孩子的二十六七岁的女人和一个服侍她的粗野的姑娘。萧红管这个二十六七岁的女人叫白太太。她信奉上帝，早晚都要做祷告，一些穿着宽大的黑衣黑裙的女修道士们常在这里来来往往。萧红听白太太说，她的丈夫一年前去了上海，至今一直没有回来，而且连个音信都没有，让她心里十分焦躁。

除了这两个经济条件较好一些的，萧红还有一个穷苦的邻居，是一个姓朱的小贩，住在他们后院的草棚里。小贩子的老婆赤着脚，常给楼上信上帝的白太太抱小孩。

萧红发现，楼上信上帝的白太太经常在房间里唱京戏，她并不会唱，嗓音细细地捏起来，一点不正确，可她老是唱，有时还唱到夜里。萧红听她那唱腔，心想，白太太心里一定很苦吧？萧军从报馆回来，一听到京戏声就烦。晚饭后，听到断断续续的祷告声从楼上传来，不一会又有了隐隐约约的哭声，萧军受不了了，对萧红说："这个环境太糟了，我们搬家吧。"

萧红有些吃惊："他们就这么打扰你了吗？我觉得这地方挺好，可以看海、看山……她们其实都是挺善良的人……你别看白太太在唱戏，其实她很可怜！"

萧军有些不屑："可怜什么？她穿得那么漂亮，每天吃饱了就唱戏，还有一个丫环使唤着，还可怜？我看她只是缺一个男人。这世上男人多的是，随便找一个就是了，何必又是祷告又是唱戏又是哭，闹得满世界不得安宁？"

萧红很不赞成他这么说话："人不是像你说的这么简单。无论什么样的人……总是有痛苦的……只要他有灵魂。"

"我不了解这样的灵魂。我只觉得她是活得太腻了……"

萧红有些激愤了："你这人……"

秋风萧瑟大雁南飞的时节，房东在院里建新房，要拆掉姓朱的小贩子住的草棚。这天外面下着雨，萧军从街上回来还没来得及脱下雨衣，萧红立刻就跟他说这事："他要建房子了，立刻就赶人家走，你让人家到哪去住……天冷了，外面还下着雨……"萧红说这话时，嘴唇神经质地颤动着，脸色苍白，两只大眼睛睁得老大，眼中堆满了泪水，轻轻地急速地闪着光，一晃一晃地就要掉下来。

萧军笑着扯起她的手："你为什么要弄成这样子？"

萧红气愤道："这简直不是人的世界——"说着眼泪忍不住流下来。

萧军说："这世界本来就是这样，有钱的有钱，受穷的受穷，不必发这么大的感叹。"

萧红远没有萧军那样开阔，她说着小贩家的艰难，着急道："怎么办呢？让他一家住到雨里……"

萧军反问："他怎么就任意让他拆？"

萧红说："地是房东的，他有权拆。他说他安排工人了……盆碗东西都摔碎了……"

萧军说："白太太不是多一间屋吗，让老朱家搬过去不就得了？"

萧红说："白太太也帮助了，她让老朱在她院里搭棚子。到她屋里住怎么可能呢？白太太多爱干净的人……"

萧军笑道："她不是信主吗？耶稣不是教导她无论对谁都应该博爱吗？她让老朱他们一家搬到她屋里住，她的灵魂就得救了！"

萧红生气了："我等你回来，总以为你会想出个办法，你却……他们仅仅用破板、破麻袋、破席子搭了个小棚，一家子怎么住？天还在下雨，他们不生病吗？……都是一样的人，人总不能没有一点怜悯同情之心……他们也就是穷……"

萧军尽管这样说，但还是被萧红的真诚感动了，让做小贩的老朱家搬到了他们的厨房里。在他帮助老朱搬那些木板与破家具的时候，白太太和那个老太婆都站在门口，老太婆感动地说："这真是好人哪，这都是'主'感化的啊。老朱呀，你应该明天跟我们一起去祷告。去吧，去吧。"

这之后，萧红与三家邻居关系更近了。萧军从外面回来，见萧红从楼上白太太家下来，就说："你现在不寂寞啦？"

萧红说："你一出门，白太太就叫我过去坐。她不敢到我们屋里来，怕你烦她。其实，她是个有灵魂的人，不同于你想象的那样……很可怜的。"

萧军笑道："你也没有吃斋念佛，怎么心肠现在变得越来越像菩萨啦？"

萧红说："在可能的情况下，我觉得人对人应该同情些，关心些……'人道'不能挂在口头上。"停了停，萧红又说："你不要总嫌这里不好，总想着搬到别处住。楼上白太太的一间房空着，她希望我们搬上去住，缺什么家具，白太太说她可以借给我们。她跟我说了几次了，'回去跟你们先生商量商量吧。'她还跟我说，我们要是从这里搬到别处，住在我们厨房里的老朱家就不能再住了，房东就会过来赶他了。我们还是搬上去吧。"

萧军说："她天天唱戏祷告我怎么吃得消？"

萧红说："这个我可以劝劝她，要她小声点。她是可以做到的。"

萧军说："就按你说的办吧。"

萧红就是这样，对不幸者有一种心与心的体贴，对基层的穷苦者有一种真挚的同情。探本穷源，这可能与小时候祖父对她的熏陶教育以及她常跟街坊邻居的穷孩子一起玩有关，当然更主要的是因为，这段日子她远离家乡，四处漂泊，在忍受饥饿寒冷的过程中，一颗心沉到了底层，与泥土草根有了真正的贴近。

一次谈话

1938年8月，端木先行去了重庆。日本飞机对武汉狂轰滥炸，住在小金龙巷的萧红孤独恐惧。迫于无奈，与冯乃超的夫人李声韵结伴去了汉口"中华全国文艺界抗敌协会"（简称"文协"）。武汉形势危急，人员纷纷撤退，"文协"房子空了下来，萧红一下住得宽敞起来，跟刚来睡在走廊上比，有了巨大改善。萧红挺着个大肚子，行动不大灵便，经常跟孔罗荪、李声韵三个人凑在一起向外面叫餐。萧红有时精神好、心情好，偶尔也出去买些牛肉、包菜、土豆、番茄之类，给他们做拿手的俄式菜汤。他们吃了都很开心，连夸她的手艺高。

一天餐后闲谈，大家谈到理想，萧红说："人活在世上，应该具有自己的理想。"她将吸的烟轻轻吐出，那淡蓝色的烟雾在面前漾开，有一种朦胧与深沉。停了停，她接着说下去：

"一个胸怀理想的人，即使处理日常生活中的小事，也应该朝着理想的方向。"

李声韵望着萧红点着头，微笑道："你说得好，是这样。"

这样的时候，孔罗苏喜欢躺在沙发上，静静地听他们议论，这对他是一种享受。

"我提议，我们到重庆后，专门办一个文艺咖啡室，让大家聚聚，你们赞成吗？"萧红情绪很好，瞪大眼，挺着胸，吹散面前的烟雾说。

李声韵微笑道："那肯定好。你做老板，我来当伙计！"

"为什么让我做老板？我是最自由散漫的人。"

三个人都笑。萧红突然一本正经地说："这是正经事，不是开玩笑。我觉得我们作家的生活太苦，弦子绷得太紧，需要调剂。我们的文艺咖啡室一定要有最漂亮、最舒适的设备，比如灯光、壁画、皮椅、台布，桌子上要有精美的小摆设，使用的器皿一定要高档。而且所有的服务人员都要经过专业的培训。此外，我们要播放高雅的音乐，使光临的作家们身心得到愉悦。哦，总之，这地方应该营造成一个作家之家，一个理想的精神家园。"

三个人都沉浸在美好的想象中。孔罗苏说："要有一间精致的休息室，壁上挂上世界名画。还要有一间宽大明亮的阅览室，里面准备着各种世界文学名著，供作家诗人们随时翻阅。"

李声韵说："那不成了世外桃源了？"

萧红满满地吸了一口烟，把它远远地吐开去："世外桃源，可以这样说。但这世外桃源不是与现实世界隔开的，正如现实主义并不离弃浪漫主义，理想与现实交融在一起一样……"

李声韵拍手笑起："了不得，伟大的理论家出现了！"

萧红大大的眼睛专注地望着前方，兴奋道："在马德里，有一家太阳报，报馆里有一间很优雅、很美丽的咖啡室，专门供报业同事及来宾之用，四壁都有画，上面画了59位欧洲古今名人，有功勋卓著的王侯，著名的文学家、科学家、艺术家。每一个人物都突显了自身的个性和精神。这些生动的壁画，可以使每一位顾客与人类的精英人士相晤，走向一片精神文化的高地，顿起崇高向上之心。你们说说，我们的灵魂难道不需要这样的一个园地吗？"

萧红说到这，两片红晕升起在脸上，微微引发一阵咳嗽，好像那座美好的精神栖所的咖啡室已在面前。但是萧红身体有些弱，因这一番过于的兴奋与激动，有些倦了，整个身子陷入到沙发里，目光射向天花，也不吸烟，尽让夹在手上的烟卷袅袅地升起一缕青灰的烟线。休息了片刻，她没有改变坐姿，轻声地继续说：

"中国作家的生活是世界上第一等苦闷的，而来为作家调剂一下这苦闷的，只得靠我们自己！"

萧红的末一句话，让孔罗荪与李声韵陷入了深思。

隐秘的哭

1

当我静下来时，我时常听到一个遥远的哭声向我传来，它隐隐约约、断断续续，悲切、哀绝、撕心裂肺，不禁让人潸然泪下。

它是暗夜中于一个无人知晓的地方发出的，隐秘而又清晰，像一脉冰冷的地泉在黑土地下悄然流动。

这是母性的萧红在哭泣，她在哭泣她的孩子。

如果把一个女人完整的生命比作一个圆，那么要使这个圆完整无缺，这个女人必须承担两个角色：一个妻子，一个母亲。"妻子"使她显出妻性，柔情似水，百转千回，欢爱的秋千在花树间不断荡漾；"母亲"让她脚踏实地，繁衍抚育，新生命的成长壮大让她感到母性的价值、劳动的欢畅。可是萧红生命的圆环是残缺的，她勉勉强强有着"妻子"的半圆，而作为"母亲"的另半圆，却是缺失。萧红跟世上所有正常的女人一样，她的心中并不缺少母性，她希望自己生命的圆环圆满无缺，滚出一道金光。可是命运之神一而再、再而三地对她苛刻，对她薄待，使她只能抱残守缺。萧红清楚地看到这一点，她不甘、心痛、恨，于是在某一个暗夜，她选择了一个没有人的角落，放出了压抑日久的悲声……

2

一生没有做过母亲的萧红，曾经涌动过一股强烈的做母亲的欢喜。

那是 1932 年，与汪恩甲同居于东兴顺旅馆期间。萧红第二次逃亡失败，从北平回来后，因走投无路而再次投身汪恩甲的怀抱。汪恩甲的软语温言，使萧红伤痕累累的心暂时得到平复。不久，萧红发现自己怀孕了，她满怀喜悦，在房间里准备起生养时的用品，为腹中的小宝贝织毛衣，上街买来花棉布，缝制小衣小裤。那架势，很有点踏踏实实做一个贤妻良母的意思。其时萧红内心充满了将要做母亲的欢愉，这欢愉在她的短诗《春曲》里有着集中的表现："那边清溪唱了，这边树叶绿了，姑娘啊！春天到了。"这首小诗后来萧军看到，误读为对他俩之间爱情诞生的渴望与欢欣，其实是一种不切实际的自作多情。令萧红悲痛欲绝的是，她的这番躁动于腹中的即将做母亲的喜悦，很快就因汪恩甲的失踪而断绝。8月底，萧红到了产期，肚痛难忍，落入爱情漩涡中的萧军，不仅不对萧红腹中所怀着的别人的孩子加以嫌恶，相反奋不顾身地为萧红的生产四处奔走。进了产房的第二天，萧红顺利地生下一个女婴。通常情况下，女人生了孩子，会受到丈夫的娇宠、家人的侍奉；月子里，会有一种众星捧月的贵重。可是此刻的萧红不仅全没有这些，相反面临的是，没有一个可避风雨的住处，没有足以温暖肚皮的三餐，进这医院是萧军用强盗式的蛮横方式进入的，入院费、接生费、床铺费、药费，一大笔欠在那，而她与萧军两人兜里合并到一起不足 5 元。饥寒、贫穷、疾病，像疯狗一样紧追在身后，她拿什么招待这个刚来到这世界的孩子？拿什么？！萧红绝望地哭了。

产房内摆着五张大床，睡着三个产妇。看护妇逐个把婴儿用小车推过来，两个产妇把头露出被子，脸上挂着新奇的、羞涩的、幸福的笑容，期待着她们用爱情与心血塑造出来的小生命的出现。当看护妇把小车推到萧红跟前时，萧红浑身颤抖，伸出手，大力摇动，神经质地叫道：

"不要！不……不要……我不要哇！"

在此，林贤治先生如此说：

不要说这孩子是她几年来奋斗失败与耻辱的见证，也不要说这孩子将会成为她尚未开始的新生活的累赘，就说将孩子从医院里赎出来的这一笔住院费，她也没有能力付出！连自己的吃住都成了问题，连大人都有可能饿死，哪里有能力养活一个孩子？

萧红深知，她没有做母亲的权利。

幸福的人们哪里会了解一个不幸女人的痛楚？她们一定责难她、非议她，说她缺少母性、不负责任等等许多通达平正的话。有谁能明白她在医院里是如何的矛盾、痛苦、悔恨、不忍与无奈，明白她作为一个未完成的母亲所亲手掩盖了的，是怎样的一种深情……

（林贤治《漂泊者萧红》）

3

萧红再一次怀孕，是怀的萧军的孩子。很奇怪的是，他们感情好的时候没有怀上，到了临分手了却怀上了。怀了孩子，通常的做法可能是，算了，凑合着过吧，不为大人为孩子。可这是萧红，她不愿凑合，她精神的要求远远超出肉体之上。于是虽带着萧军的身孕，仍与萧军分手。

分手是决绝的，萧红不想因孩子留下尾巴，与萧军再发生一些无聊的纠缠；尤其战乱之秋，时时会面临危险，靠萧红一人扶养孩子，何等艰难。端木是对她好，可你有什么理由要人家接受萧军的"遗产"后再奉献一番鞠养之力？萧红听说梅志也怀孕了，因为战争形势的严峻和生活的困顿要去打胎，就与她结伴一起去。可医生告诉她们，打胎要付140元。萧红吓一跳，以为医生说错了，结果医生强调，140元是不能再少了的数字。萧红眼瞪得老大，觉得这么大的一笔钱，对她是个天文数字。结果梅志也付不了这么多钱，俩人一起退出了。

一天，萧红的好朋友蒋锡金劝她，把孩子生下吧，有大家帮着。萧红流泪了。生与不生，她已想过多遍了。她对蒋锡金说："我自己一个人生活都很艰难，再带一个孩子，一定会把自己毁了，也把孩子毁了！"说着，泣不成声。

萧红后来是在白朗的帮助下，进入江津的一家小医院生产的。生下的是个男儿，前额很低，酷似萧军。可是过了不几天，孩子死掉了。本来好好的，怎么突然就死掉了？这在萧红的生命历程中是一个不解之谜，就像孩子出生时萧红的心情一样错综复杂，纠结迷乱。

梅志在《爱的悲剧》中说："就这样，她结束了做母亲的责任和对孩子的爱。""这当然是萧红的不幸！但她绝对不是不愿意做母亲，她是爱孩子的。是谁剥夺了她做母亲的权

1938年5月，萧红（右）与梅志及其儿子晓谷在武昌金家花园

利？爱孩子的权利？"

4

梅志很了解萧红，萧红确实很爱孩子。

赵凤翔在《萧红与舒群》一文中记载了这样一个细节："每逢走到儿童服装的橱窗，萧红就踟蹰不前，望着陈列的童装，思念她那没有下落的孩子。"

1939年，生产后的萧红住在歌乐山云顶寺下，那里环境清幽、气候温和，适合养身，也宜于写作，萧红伏案之余，经常拖着疲弱的身子出来转悠，云顶寺的清磬不时幽幽地传入耳中。往前走，山腰里有一撮青灰色建筑，萧红知道，那是著名的歌乐山孤儿养育院，院里收养的小朋友多是汉口一带的流浪儿童，院长是王昆仑的夫人曹孟君。有时还离得老远，萧红看到指甲盖大的一片风筝悬在云端，就知道那是养育院的老师给孩子们放的。萧红经常转到养育院跟前，儿童的歌声、嬉闹声、叫声、哭声，时不时从里面传出。萧红放慢脚步，幽然神往，禁不住想起自己的两个孩子。萧红有时碰到院长曹孟君，与她一起在山道上散步，谈论一些儿童教育的问题。萧红进养育院看过那些孩子，其中有一个叫林小二的，让她很留心，她还专门为他写过一篇散文《林小二》。萧红喜欢孩子，在她住在歌乐山期间，养育院那升旗的歌声、空中的风筝，特别是院里出来玩耍的孩子们的身影，使得萧红的心一次次颤动，胸中涌出一股股母性的暖流。

萧红在香港临终前有三条遗嘱，第一条是说自己的，渴望葬在鲁迅墓旁；第二条就说的孩子，她要端木务必答应，将来有条件的时候，一定要去哈尔滨，找到她和汪恩甲的孩子……可见长期以来，孩子一直是她生命中最重要的牵挂。

因此我认为，倔强、执著的萧红并不缺乏母性，她的母性没有展现不能怪她，而应怪她经历的那些男人、她的悲苦多舛的命运，尤其是那个战乱动荡的时代，是它们刻薄了她、慢待了她，没有给她一个风和日暖展现母性的环境。

萧红心里一直有一种深深的隐痛，这隐痛埋藏得很深，即使后来与她很亲近的人，比如端木，都未必知道。我想，因为这个痛，她一定曾经躲在某个不为人知的角落悄悄地哭泣过，哭得肝肠糜碎、涕泪滂沱。

她哭她的孩子。

哭她的命。

她的哭声，穿越了一个世纪，一直传到今天，传入每个关心她、怀念她、爱她的人们的耳中。

第八章　花　落

疾病像疯狗一样紧追在身后

1

在我眼里，1942 年 1 月 22 日这一天，是中国现代文学史上最为黑色的一个日子。

这天，一直用一双宁静幽深的大眼睛看人看事看世界，在身后丢下数量虽不很多，但却光芒闪耀奇异迷人的优秀文学作品的奇女子萧红，离开了这个世界。

这是一朵花在风雨中的陨落。

尽管这个荆棘丛生的世界给了她太多的伤痕太多的痛，一路充满血和泪，但她对它这个世界仍然充满了爱，充满了留恋。她不想、不愿、不肯离去。

可是，她去了……

她去了，在南中国，在远离故乡的一个四周由碧水蓝天拥抱着的小岛上。

她去了，于是中国文学的这一天，雨凄风狂，花飘花落，一番泪纷纷……

2

我曾不止一次深入思考萧红的健康状况。萧红出身地主家庭，自小温饱无虞，生活优渥，早期的"原始积累"应该是好的。你看她学生时代的玉照，大眼明亮，皮肤白皙，脸颊微丰，完全是一副发育良好健康活泼的模样儿。以她早期的基础，若无大波大澜，平定过日，不求毫釐，享有个六十七十，应该是笃定的。可是好家底需要一双守持的手，若不珍惜，三抖落两抖落也会日渐减损，最终罄尽。细究起来，萧红的健康情况打她22岁离家在哈尔滨街头漂泊流浪，从此以后就一波三折，时不时走起下坡路了。青春时代凭着勃发向上的生命热力，虽能不时放出欢笑，开出鲜花，但风雨中的奔走、颠踬、饥饿、寒冷，居无定所的惶恐，聚合分离的苦涩，肯定会让人受伤。萧红身为女子，毕竟弱质，不可能一而再再而三地承受得起这过多的包袱，于是，在冰雪严寒的哈尔滨，在孤独黑暗的东兴顺旅馆，以及后来在欧罗巴，在商市街，一颗病的种子悄悄在她身上种下了。遇到萧军后，萧红的天空一转而为晴朗灿烂，但怀孕后，特别是后来的生养，却凄凉至极，痛苦至极。吃没有好的吃，还不时受冻。临产了，没钱进入医院，萧军就差拼了命，好不容易让她入院住下，受人白眼，被人晾着，小儿产下后，因交不全费用被赶。作为女人一生中第一次生孩子，营养护理十分重要，月子坐得好，不仅不会带下后患，相反还会使原来身上的病隐然而去，从此再不上门打扰，相反搞不好会给未来的生活投下阴影，带来后患。可萧红显然没有好福气。之后她经常胃疼、肚疼，这两种毛病始终像疯狗一样追逐着她。有时疼得厉害，大汗淋漓，人几乎昏死过去。我一直以为，这都是她坐月子没坐好埋下的根。身体得不到温暖舒适倒罢了，在之后的日子里，灵魂又频频遭遇无礼的蹂躏践踏。萧军见异思迁，感情上的一次次背叛，这都成为堆压在萧红心灵中的霜雪。灵与肉是相互依存的，一个沉浸在痛苦烦恼中的人，病魔最容易叩开他的门扉。在爱与恨的波峰浪谷中摇荡，萧红的健康状况一天一天往下坡走，也就势在必然。这种情况下，自己如能自知自明，多加护惜，倒也罢了。可是诗人作家都是性情中人，兴之所至，一饮百斗，尽兴欢狂，肉身的珍惜置诸脑后。萧红自然难出其彀，她任性，不自控，高兴了，不高兴了，吸烟，喝酒。她的酒量多大我不知道，但以她的心性，喝起来肯定很豪放，若跟你干，会不管三七二十一，哪怕前两天才犯过胃痛，也会脖子一仰，一饮而尽，你想扭捏不喝还不行，她会夺过你杯，杵到你嘴上，"喝！喝！喝呀！"非让你来个杯底朝天不可。萧红跟烟草一直有着不解之缘。1932 年，萧红被困于东兴顺旅馆，一天舒群去看她，他给她买的除了吃食，还有一样东西你想不到——烟。萧红的吸烟是有名的，跟她结识不要多久，人们脑子里就会形成一个公式：这个看上去很娴静的女子是吸烟的，不仅吸，而且一直不停地吸，写作时吸，聊天时吸，萧军让她痛苦时吸，一个人在东京时吸，一直吸到生命结束。萧红你这是干吗呀？你就不能少吸点或者来个彻底戒掉干脆不吸吗？你咳嗽，胃疼，肚痛，严重时还发起高烧，是不宜吸烟的呀。你的身子其实是弱的，疾病像一条疯狗早已悄悄跟上你了，你要注意保护好自己，不能一味地任情任性了。你的身体远不够强大，你要是稍稍注意，少喝点酒，少吸点烟，可能不会这么早地遭遇这么大的不幸，即使命定式地无可奈何地遇上了，肯定也会有惊无险地绕过去，与死神照个面顶天了，然后就又回到水草丰美的大地上，和大家一起重新做起有意思的事了。可是令人痛惜的是，萧红没有做到，远远没有。

萧红是 1940 年 1 月与端木蕻良一同来到香港的，她万万没有想到，从此她踏上了一条不归路。

初到香港，中华全国文艺界抗敌协会香港分会举行酒会，欢迎他们的到来。这之后，萧红一直忙个不停。为了完成长篇小说《呼兰河传》和《马伯乐》的创作，她经常熬夜，身体越来越差，动辄咳嗽、发烧。钟耀群在1997年11月的《香港文学》上撰写了一篇回忆录，说萧红虽然病了，但她并不把病当回事，端木买来体温表，萧红不愿量，说人跟人是不一样的，她的体温从来都是37度以上，别大惊小怪的。退烧药咳嗽药也不按时吃。

美国女作家史沫特莱来看萧红，见萧红身体非常虚弱，劝她诊治，并利用自己的关系，为她联系了法国人开的玛丽医院。这是当时香港最大的公立医院，希望萧红住进医院系统地检查一下。可萧红根本没有重视，整个沉浸在自己的创作之

史沫特莱

中。之后，胡风听说萧红身体不佳，在家养病，就去看她。见了面不由吃惊。萧红比过去更瘦了，更苍白了，精神状态虽然还好，但一看就是很弱的样子。胡风本来就对端木有成见，觉得他完全是个不合格的丈夫，这一下就愈加对他不满了。

《小城三月》初版封面

6月，萧红创作了《小城三月》。小说以故乡为背景，叙写了一个凄美的爱情故事。这一回她一改过去的写法，故事中的父亲有维新思想，家庭是一个开放而民主的家庭。明显地看出，萧红已改变了过去对家庭对父亲嫌恶的态度，一变而为温暖和平。有研究者认为，萧红在这篇小说中所表现出的对故乡的怀念，对亲人的宽宥与思念，昭示着她的生命已近尾声。

8月，萧红应邀在纪念鲁迅诞辰60周年大会上作了"鲁迅先生事迹"的报告，并写了四幕哑剧《民族魂鲁迅》，发表在香港《大公报》上。

到9月，萧红身体状况越来越不好，经常头疼、失眠、发烧，不得不到玛丽医院就诊。由于地方话难懂，担心进医院与医生交流沟通困难，端木找了与他们熟悉的广东人袁大顿做翻译。袁大顿很快来了，一同来到玛丽医院，找到了史沫特莱当初给他们介绍的相熟的医生。袁大顿去问了头等、二等、三等病房的价格，因为战争的因素，都成倍地上涨了。他们选择的是三等病房。此时前东北大学的校长周鲸文也在香港，得知萧红住院，赶来看望，并给予了经济上的资助。在玛丽医院住下后，萧红经过全面检查，医院确诊为肺结核，于是从普通病房调整到隔离病房。萧红最初在医院里的情形，袁大顿在《怀萧红》一文中有如下记载：

> 萧红的病榻是在玛丽医院楼院的前方走廊上，正面临环围着的半面海。看着那浩瀚的海，那大块的万里长空，吸着旷野的新鲜空气，这时萧红的心境还是很愉快的。在寂寞中她把一本《圣经》读完了，见到我们来，总嚷着太寂寞，要我们下次带点新书给她看，但医生老是不许。我们没办法，只得送给她一些画报。她笑了，她说我们把她当儿童来看待。

检查的结果很快出来了，萧红肺病很严重，X光检查，两片肺叶上都有洞。萧红完全没有想到自己的病如此严重，很是害怕。医院制定了方案，指出不立刻治疗空洞不仅不能愈合，相反会更大。端木经过与医院反复研究，并征求了周鲸文、于毅夫、夏衍等友人的意见，最后决定采用当时最先进的打空气针的治疗方案。可是第一次打空气针后，萧红痛

疾病像疯狗一样紧追在身后

苦不堪，嚷嚷道："太受罪了，死掉算了！"在打空气针前，萧红还能走动写作，可打了空气针后，倒真成了标准的病人，体力不济，行动不便，咳嗽加剧。好在熬过最初的一两次后，再往下，反应不再那么大了，咳嗽好些，胃纳也有所增加。到10月，她在医院居然拿起笔，继续她的《马伯乐》创作了。

入冬以后，海风变冷，萧红受了风寒，病情转重，不住咳嗽，心情欠佳。由于她住的是三等病房，服务较差，护士经常对她施以冷眼。萧红咳得受不了，要求医生给她打针，可是半天过去了，不见人影。萧红忍不住生气。病情的发展无法由自己把控，扎针灌药都由你们定，可这精神的领地完全掌握在自己手中，岂能遭人践踏？高傲刚烈的萧红于是同势利眼的医护人员发生了顶撞。医生闻声不得不过来，简单周旋了一下，最后糊弄她："咳嗽不要紧哪，肺病哪有不咳嗽的呀？"仍然不给她打止咳嗽的针。萧红沉默了。她决定离开医院。深夜，她披衣离开病房，女护士拦阻她，说："医生不给签字，你不能出院哪！"萧红犟强地说："我不管，我是要离开这里的！"主治医生也过来拦她。萧红几乎哭了："我要回去！"一番周折后，萧红终于回到家中。周鲸文得知消息，很吃惊。肺病是要慢慢治疗静养的，怎么能这么快回去？当知道是东北的老乡于毅夫把萧红接回去时，不客气地对他进行了批评。回家不久，由于医疗跟不上，萧红的病情果然加重。这时日军的飞机不时轰炸，一家家医院都关了门，想再进去已不可能。于是萧红被一副临时担架抬到思豪大酒店。延至次年1月，端木终于发现跑马地的养和医院又开始收治病人，萧红好不容易住了进去。第二天，医院检查结果出来，萧红是气管结瘤，所以引起呼吸不畅，胸闷憋气，指出必须立刻手术，否则将有封喉的危险。端木不同意医院的治疗方案，拒绝签字。萧红求治心切，渴望尽快摆脱病魔纠缠的痛苦，对端木说："你不签，我签！"自作主张在手术单上签了字。

手术如期进行。可万万想不到，手术失败，刀开下来，根本没有发现肿瘤。

麻药时候过去，萧红醒来，直感到伤口剧痛，漫延到胸部。萧红想到了早早离世的生母，心里有些灰颓，默默流下眼泪。

接下来，端木一直担心的事发生了：萧红伤口发炎，始终不封口，引发高烧，陷入昏迷。喉管开刀后怕粘连，又不得不插进一根铜质吸管，不时用吸痰器吸痰，萧红实在痛苦不堪。而院方面对此情又束手无策。刚好这时，玛丽医院又收受病人，经过一返周折，萧红终于又住进玛丽医院。

1月22日，日军突然闯进玛丽医院，宣布军管，所有病人一律赶出。萧红辗转被送到一家法国医院。此时药品成了第一军需品被严格控制，市面的药品店全无药物供应，医院对刀口正处于发炎状态的萧红只能用盐水消炎。萧红一时清醒，一会昏迷，已完全不能出声，喉头脓肿处不时涌出带颜色的沫子。萧红陷入了深度昏迷，脸色惨白，合着眼睛，头发披散在枕后，喉头刀口处不时有泡沫涌出。

上午 10 点，这位一生逃亡、抗争的杰出女作家，拼尽生命的全部热力与才华，完成了文学上的一次灿烂绽放，最终满怀遗憾地离开了这个让她无比留恋的世界。

这一年，她年仅 31 岁。

最后陪伴在萧红身边的人

人的本性决定了，人在生命垂危时需要最亲最近的人陪伴，比如父母、夫妻、儿女，它能给灵魂以安宁与慰藉。萧红病重后，身为夫君的端木，为萧红联系朋友、选择医院、寻医找药、问热问痛，自始至终陪伴在萧红身边，呵护她，安抚她，以缓解她精神与肉体的伤痛，这应该是情理之中的事。端木做了，但未尽善尽美，相反带着瑕疵，有时甚至令人匪夷

骆宾基

所思，无从置喙。文史研究专家对于这一段故事历来议论纷纭，观点杂陈。归结起来，最激烈的有两方：一方力挺端木，为端木开脱，甚至粉饰，辩解维护之词多多；另一方刀锋犀利，大加挞伐，将端木谴责得体无完肤。孰是孰非，莫衷一是，成为现代文学史上一桩打不完的官司。

最后陪伴在萧红身边的是另一位——骆宾基。他跟萧红有缘，不仅因为他是一名赤诚的文学青年，敬仰萧红，十分喜爱萧红的作品，而且因为他跟萧红的弟弟张秀珂同学，出生吉林，在地缘上与萧红同属东北老乡。萧红对弟弟的感情很深，身陷病榻的她，面对弟弟的同学，如同面对娘家亲人，极易形成一种亲切的感情。

病中的萧红对端木其实是很依赖的，她独守病房，日里夜里只能听到海潮的声音，内心是寂寞的。可是萧红心里渴望端木陪伴，嘴上不一定这么说。入冬以后，萧红在玛丽医院着凉咳嗽，渴望出院，与医生发生了龃龉，端木担心回去后医疗跟不上，不利于病情恢复，不赞成萧红出院。萧红觉得端木完全不顾她的感受，竟然站在医生一边，不由气得流泪，最后负气道："我若是打电报给萧军，请他来接我出去，他一定会来！"

面对病中的萧红，端木一边不断地照顾，一边还要应付《时代文学》的编务，再有点时间，还得进行自己的写作，身为富家公子的他，实在也有点为难了。端木与骆宾基相熟已久。其时战事紧迫，骆宾基向端木辞行，准备回大陆。端木想到他只身一人，别无牵绊，就请他留下，帮他照顾一下萧红。萧红是骆宾基敬爱的作家，他二话没说，一口答应了下来。

一天，柳亚子来到九龙乐道 8 号萧红的蜗居看望患病的萧红，谈了很多民族与形势的话题。最后，柳亚子走了，端木也要随柳亚子走，他叮嘱骆宾基："你不要走，你陪陪萧红，我一会儿就回来。"萧红心境一下很坏，用暗哑低弱的声音说："我是要活的！"萧红脸色惨白，现出恐怖，对骆宾基说："你不要离开我，我怕……"端木出去处理了一些事情后，很快赶了回来。

此时九龙即将沦陷，中共党组织派于毅夫与端木联系，希望大家一同转移。端木考虑再三，最后同于毅夫、骆宾基协同，将萧红用一副临时担架转移到香港的思豪大酒店。端木想跟地下党组织一同撤退，请骆宾基代为照顾萧红。萧红听他说了这样的想法，无力地望着他，一时什么话也说不出，只觉得内心一阵阵揪痛！萧红突然一下明白了，这是一个缺少担当的男人，更不是一个可以共患难的男人，为自己，他把我抛弃了！

端木走了。

一去数天。

及至回来，萧红生命已近垂危。

留下照顾萧红的骆宾基，本打算偷渡回九龙，取回自己视若生命的一部题为《人与土地》的小说手稿，但最终舍不下重病中孤身一人的萧红，打消了想法。萧红比骆宾基大几岁，在这种非常的时刻，萧红把他当成自己的小弟，在炮火的轰击下，他们互相讲述着自己坎坷历程，亲密得无话不谈。

在这段日子里，身陷病榻的萧红手不能书，但创作天性并未丧失，她向骆宾基口述了一个短篇小说，骆宾基后来将它整理出来，题为《红玻璃的故事》，发表在 1943 年 1 月 15 日的《人世间》上。

一天，骆宾基正陪萧红谈着话，端木突然走了进来，手里还拎着一袋苹果，这使萧红与骆宾基十分意外。因为从战争爆发的第二天离开后，端木就像从大地上蒸发了一样，再也没有露过面。

端木消失了这么些天，他干什么去的？内心到底是个什么打算？研究者虽作过很多分析，毕竟隔靴搔痒，内在根由只有端木自己清楚。当然可以问端木，可端木会说吗？说也说不清。人有时是一团麻，人性的复杂之处就在这里。历史一向都有些谜团。这个问题姑且存着，留给热衷研究者去研究吧，否则学问家们也太寂寞了。

萧红内心虽有怨恨，但看到端木终于回到自己身边，内心稍感安慰，情绪也稳定下来。端木看到萧红病情日渐加重，急得在硝烟炮火中四处寻医，最后终于在跑马地找到一家医院，让萧红住了进去。

据叶君先生所著的《从异乡到异乡》记载，1942 年 1 月 12 日，骆宾基在跑马地养和医院连日服侍萧红，已筋疲力尽，见端木过来，就坦率地说，他需要找个地方大睡一下，补下觉。萧红听到后，让端木暂时回避，单独对骆宾基说，她希望他不要离开，等以后身体好些，还要他护送自己回上海。第二天医生会诊，可能要做手术，她希望骆宾基能陪在身边。骆宾基答应了。

手术后，萧红预感到自己大限已近。21 日早晨，萧红和端木谈话，她脸色红润，样子愉快，而且吃了半个牛肉罐头。这其实是回光返照。她对骆宾基说："我完全好了似的，从来没有吃这么多。骆宾基，坐下来抽支烟吧。"骆宾基说不想抽烟，实际上是没有火。萧红说："我给你想办法。"骆宾基说："这些事你就不要操心了，你好好养病吧。"萧红说："等一会，护士就来了，我让她找盒火柴。"她按了一下床头的电铃。骆宾基说："你不知道，整个医院都没有几个人了。"为了满足萧红的心愿，骆宾基楼上楼下到处找火柴。

萧红如此执着地要骆宾基找火，一方面是出于她向来的个性，另一方面是因为，她吸烟许多年，对烟草的感情特别深厚（肯定超过牛肉罐头），此刻的疾病虽使她不得不停止吸烟，但其实心向往之，哪怕由别人代吸，自己间接地呼一点二手烟，也很快慰。

最后陪伴在萧红身边的人

火最终没有找来。我以为在萧红的朦胧意识中，那支烟一定是点着了，它优雅地叼在骆宾基的嘴上，很是好看，很是耐看，一缕青烟袅袅升起，在空中盘旋，漫开，轻盈如梦。

依据上面记叙，尤其当中的一些细节，我们不难看出萧红在她生命最后的那段时光里与端木与骆宾基亲疏的状态。梳理其中的渊源流向会发现，这完全是自然而然顺理成章的事。但有好事者或伪学问家据此大做文章，说萧红心有旁骛，与骆宾基作了约定，等她病愈，即与端木分手，同骆宾基结为连枝。此情虽成永憾，但萧红最后是倒在骆宾基的怀抱中合上双目的，云云。我以为这种说法十分无聊，完全是浅薄的言情小说家赚人眼泪拙劣的表现。

最后的遗愿

萧红自己怎么也想不到，仅仅 31 个春秋，就把自己的一生走完了。她不止一次对陪伴在她身边的人说，"我怕，我不想死……我要活着……"可是生命将去，无力回天，萧红最后只好无可奈何地在纸上写道："我将与蓝天碧水永处，留着那半部红楼给别人写去了……"

这是令人心痛的泪语。

萧红在这里所说的"半部红楼"，通常的解释是，萧红病中与骆宾基聊天，聊到红军爬雪山过草地，非常感动，萧红计划病愈后与骆宾基一同，邀几个朋友，沿着红军走过的线路走一遍，然后写一部长篇，这部长篇，即为萧红心中的"半部红楼"。此为解释一。可我的理解有异于此。萧红首先是一名作家，而不是革命者，用端木的话说，写作是她一生的宗教。她虽有了《生死场》，有了《商市街》，有了《王阿嫂的死》，有了《呼兰河传》，有了《马伯乐》，有了《小城三月》，但萧红对此从来没有满足，她想写得更多，她觉得最好的作品还在后面，远远没有写出。她要去写，她觉得她能把它们写出，好得超过《生死场》，超过《呼兰河传》，那是她生命中最为重要的"半部红楼"。我以为这种解释更为切合萧红的想法。

可是苍天无眼，这"半部红楼"就是不让她写下去。

骆宾基见萧红精神灰颓，陷入绝望，请求她好好休息，不要再乱想，可萧红哪能做到，眼前浮现的是自己一生的飘零、颠簸，遭受的误解、猜忌，于是抓起笔，执意地在纸上写道："半生尽遭白眼冷遇……身先死，不甘，不甘！"

在这生命最后的时刻，萧红的意识还是清醒的。她向端木提出请求："我死后要葬在鲁迅先生墓旁。现在办不到，将来要为我办。现在我死了，你要把我埋在大海边，我要面向大海，要用白毯子包着我……"这是战争的特殊时期，她知道葬到鲁迅墓旁难以做到，因此她提出暂时与海为伴的请求。但她最终是要回到鲁迅身边的，因为鲁迅是她的恩师，一生的精神之父，到了他的身边，她的灵魂才会安宁。

端木最终将萧红的骨灰埋葬在当时著名的风景区浅水湾，背倚绿地，面朝大海，也算一定程度实现了萧红的遗愿。

萧红临终的遗嘱中特别强调，端木对她的作品要加以保护，将来不要让人随意删改。版权都由端木负责，但她觉得，

香港浅水湾萧红墓

骆宾基是为她留下的，她要把《生死场》的版税给他。端木当然尊重萧红的决定，只是提出，《生死场》篇幅不长，而且已再版多次，版税加起来没有多少，因此提出，不如把《呼兰河传》的版税给他，因为这是新书，篇幅长，再版的机会多，版税相对比较丰厚。萧红同意了，并告诉了骆宾基。

萧红临终前还有一大遗愿，她恳求端木务必答应，将来有条件，一定要去哈尔滨，找到她与汪恩甲的孩子，一定！

这是出自母性的一种滴血的请求。可见这些年，萧红虽被恩怨情仇捉弄，但内心深处一直暗暗记挂着自己的骨肉。

其实不仅作为母亲的萧红记挂着她的女儿，所有具有悲悯情怀的人们，也无不记挂着那个在风雨中诞生、在风雨中成长的不幸的孩子。此刻她在哪？算下来也有 10 岁多一点了吧？她现在可好？长得像母亲吗？有没有读书上学？是不是也有那么一点野性？她知道母亲此刻在想念她吗？

萧红在她生命的最后一刻一定是见到了自己的女儿。女儿远远地向她奔来，蓝的天空，绿的草地，红的花朵，女儿穿着与萧红小时候穿的一样的花裙，蝴蝶一样翻飞，近了，更近了，张开双臂向她呼喊：

妈妈！

萧红嘴角缀一丝宁静的笑意。

萧红生平事略

1911 年

6月1日（阴历五月初五，端午节），萧红出生于黑龙江省呼兰县(现哈尔滨市呼兰区)一个地主家庭。姓张，乳名荣华，学名张秀环。

萧红祖籍山东东昌府莘县长兴社十甲梁丕营村，今为山东省聊城市莘县董杜庄镇梁丕营村。乾隆年间，其先人张岱闯关东至关内，开始了其家族在东北的新的发展史。

1916 年

萧红外祖父将萧红的学名"张秀环"改为"张廼莹"。

1917 年

萧红祖母去世，萧红的祖父开始了对萧红的文学启蒙。

1919 年

萧红母亲姜玉兰不幸染上霍乱，医治无效去世。是年，萧红九岁。

年底，萧红父亲张廷举续弦，娶梁亚兰为妻，为萧红的继母。

1920 年

秋，萧红进入呼兰区第二小学（现为萧红小学）女生部学习（学制四年）。是年，萧红十岁。

1924—1926 年

读高小（学制二年）。

1924 年秋，萧红入北关初高两级小学校女生部，读高小一年级。

1925 年秋，萧红转入呼兰县第一女子初高两级小学校（在今呼兰县第一中学院内），插班读高小二年级。

1926 年夏，高小毕业。萧红想去哈尔滨读中学，遭到来自父亲和继母的强烈反对，萧红没有因此放弃要读书的愿望，开始与父亲、继母冷战，进行抗争。

1927 年

夏，萧红父亲张廷举同意萧红继续读书。

秋，萧红进入哈尔滨东省特别区区立第一女子中学（简称"东特女中"，或"哈尔滨女中"）读初中，学制三年。二十岁初中毕业。此校系"从德女子中学"的前身，现为"萧红中学"，在今邮政街 130 号。

1929 年

1 月初，由萧红六叔张廷献做媒，父亲给萧红定亲，未婚夫为汪恩甲。

6 月初，萧红祖父去世，萧红从此失去了世界上最关心、最爱护她的人。

1930 年

夏，萧红初中毕业。萧红想去北平读高中，而父亲和继母希望萧红与汪恩甲完婚，不赞成萧红去北京读高中，萧红决定为了求学抗婚。

7 月，为了抗婚求学，萧红与表哥陆哲舜逃到北平，就读于北平大学女子师范学院附属女子中学。历时半年。

1931 年

1 月，因为陆家断绝了陆哲舜的经济来源，走投无路的萧红与陆哲舜双双败回呼兰。

4 月上旬，萧红父亲将萧红软禁于阿城县福昌号屯。历时七个月。

10 月 4 日，萧红坐大白菜车逃离阿城县。

11 月，萧红开始在哈尔滨街头流浪，过起了颠沛流离、朝不保夕的生活。后与汪恩甲在东兴顺旅馆同居。

12 月，萧红怀孕。

1932 年

3 月，萧红离开汪恩甲，独自再赴北平。

3 月末，萧红与汪恩甲同回哈尔滨，再次入住东兴顺旅馆。

春，萧红创作了《可纪念的枫叶》、《偶然想起》、《静》、《栽花》、《公园》、《春曲》（组诗）等诗歌作品。

5 月，汪恩甲离开东兴顺旅馆，被家庭扣下。

6 月，因欠东兴顺旅馆食宿费，萧红被旅馆扣下，而且很有可能被卖到低等的妓院。

7 月，萧红给《国际协报》副刊主编裴馨园投书求援，裴馨园对萧红施以援手，展开救助。萧军因裴馨园之托去东兴顺旅馆探望萧红，两人一见钟情，萧红爱上萧军。萧红创作了《幻觉》一诗，此诗首刊于 1934 年的《国际协报》副刊《国际公园》，署名为悄吟。

8 月，萧红生下一名女婴，并立即把女婴送人。

9 月，萧红与萧军入住欧罗巴旅馆（今尚志大街 150 号）。后又搬到商市街 25 号（今红霞街 25 号）一座半地下的小屋，开始正式夫妻生活。

1933 年

3 月，萧红开始尝试文学创作，发表小说处女作《弃儿》。之后，陆续创作了短篇小说《看风筝》《腿上的绷带》《太太与西瓜》《两个青蛙》《哑老人》《夜风》《叶子》《清晨的马路上》《渺茫中》，散文《小黑狗》《烦扰的一日》《破落之街》，诗歌《八月天》等作品。

10 月，萧红与萧军合出小说、散文集《跋涉》，引起了文坛的注意，萧红、萧军因此被誉为"黑暗现实中两颗闪闪发亮的明星"，并由此奠定了萧红、萧军二人在东北文坛的地位。

12 月，《跋涉》遭查禁，萧红、萧军在哈尔滨举步维艰，二人计划离开哈尔滨，另谋出路。

1934 年

2 月，萧红创作了短篇小说《离去》。

3 月，萧红创作了短篇小说《患难中》《出嫁》，创作了散文《蹲在洋车上》。

4 月，萧红以悄吟为笔名，在哈尔滨《国际协报》副刊发表《生死场》(原名《麦场》)的前两章。

6 月，萧红与萧军流亡到青岛。此次离开哈尔滨成为永别，直到八年后花落异乡，萧红再也没有回来过。

9 月，萧红完成《生死场》后七章。

10 月，萧红与萧军一同给鲁迅写信，并得到鲁迅的回信，由此与鲁迅开始了书信的往来。

11 月初，萧红与萧军双双来到上海。

11 月底，萧红见到鲁迅，并得到鲁迅的赏识，从此和鲁迅、许广平一家开始交往，并建立起深厚的感情。

12 月，萧红、萧军接到鲁迅的邀请赴宴，并结识了茅盾等文学大家。

1935 年

1 月，萧红创作了散文《小六》。

2 月，萧红创作了散文《过夜》。

5 月，萧红完成回忆性散文集《商市街》。

6 月，萧红创作了散文《三个无聊人》。

11 月，鲁迅为萧红的《生死场》作序。

12 月，经鲁迅校阅、编订，萧红的《生死场》作为鲁迅主编的"奴隶丛书"之一，由容光书局出版，笔名萧红。

冬，萧红创作了散文《初冬》。

1936 年

1 月，萧红参与编辑的《海燕》创刊，并于当日售完两千册。萧红创作的散文《访问》首刊于《海燕》的创刊号上。

3 月，在鲁迅的引见下，萧红与美国作家史沫特莱在鲁迅家相识。

4 月，萧红的短篇小说《手》首刊于《作家》第一卷第一号。

6 月，萧红在《中国文艺工作者宣言》上签名。

7 月 15 日，鲁迅为萧红赴日本饯行。

7 月 16 日，萧红带着心灵之伤，远涉重洋，只身去岛国日本。历时半年整。

9 月 18 日，萧红为纪念"九一八"事变而写的散文《长白山的血迹》，在《大沪晚报》上发表。

10 月，萧红得知鲁迅先生病逝，陷入深深的悲痛之中。

11 月，萧红的小说、散文合集《桥》出版，署名为悄吟。

12 月，萧红创作了散文《永久的憧憬和追求》。

1937 年

1 月 9 日，萧红结束了在日本的学习和生活，离开东京，准备回国。

1 月 13 日，萧红回到上海。

3 月，《沙粒》（组诗）在《文丛》第一卷第一期发表，署名为悄吟。萧红创作了悼念鲁迅先生的诗歌《拜墓》。

4 月，因与萧军冲突，萧红只身去北平（这是第三次去北平）。

5 月，萧红接到萧军来信，由北平返沪。短篇小说集《牛车上》由上海文化生活出版社出版。

6 月，萧红创作了诗歌《一粒土泥》。

夏季，在上海召开的创办抗战文艺刊物筹备会上，萧红认识了端木蕻良。

8 月，萧红创作了散文《八月之日记一》《八月之日记二》《天空的点缀》《失眠之夜》《窗边》《在东京》。

9 月 28 日，因战事危急，上海成为一座"孤岛"，萧红、萧军同上海其他文化人一起退往武汉。

10 月 17 日，萧红创作了怀念鲁迅的散文《逝者已矣！》。该文章首刊于 10 月 20 日《大公报》第二十九号，署名为萧红。萧红创作了散文《小生命和战士》。在武汉，萧红开始了长篇小说《呼兰河传》的创作。在武汉蒋锡金家，萧红再次遇到端木蕻良。

11月，萧红创作了散文《两种感想》《一条铁路底完成》。

12月，萧红创作了散文《一九二九年底愚昧》。

1938 年

1月16日，萧红参加题为"抗战以来的文艺活动动态与展望"的座谈会。当天，萧红的《〈大地的女儿〉与〈动乱时代〉》（书评）首刊于《七月》半月刊第二集第二期。

1月27日，萧红、萧军、端木蕻良等作家离开武汉，奔赴山西临汾民族革命大学任教。

2月，萧红到达临汾，并与丁玲相识，从此两个闻名中国的女作家建立起了深厚而又真挚的友谊。日军逼近临汾，在去留问题上，萧红、萧军出现了分歧，最终二人在临汾分手。萧红创作了散文《记鹿地夫妇》。

3月，萧红与端木蕻良、塞克、聂绀弩等人一起创作了引起巨大轰动与反响的三幕话剧《突击》。萧红发现自己怀孕。

4月，萧红正式与萧军分手，与端木蕻良正式确定恋爱关系。萧红参加由胡风主持的题为"现时文艺活动与《七月》"的文艺座谈会，并表达了自己的创作观。

5月下旬，萧红与端木蕻良在汉口大同酒家举行婚礼。

8月，萧红因逃难带着身孕独自上船，在码头被绳索绊倒。萧红创作了短篇小说《黄河》《汾河的圆月》。

9月，萧红寓居重庆。

10月，萧红寓作了短篇小说《孩子的演讲》《朦胧的期待》。

11月，萧红在医院产下一名男婴，男婴于三天后不幸夭折。

12月，接受苏联记者的采访。

1939 年

1月，萧红创作了散文《牙粉医病法》，短篇小说《旷野的呼喊》。

春，萧红创作了散文《滑竿》《林小二》。

3月14日，萧红写致许广平信《离乱中的作家书简》。

4月，萧红与端木蕻良住重庆歌乐山。萧红创作了散文《长安寺》。

5月，萧红创作了短篇小说《莲花池》。

6月，萧红创作了散文《放火者》。

7月，萧红创作了短篇小说《山下》《梧桐》。

8月，萧红创作了散文《茶食店》。

9月，萧红整理完成回忆性散文《鲁迅先生生活散记——为鲁迅先生三周年祭而作》。

10月，萧红完成《回忆鲁迅先生》，开始《马伯乐》的创作。

12月，因为战乱，萧红与端木蕻良商量决定离开重庆，前往相对安全的香港。

1940 年

1月19日，萧红与端木蕻良飞抵香港。

6月，萧红创作了散文《〈大地的女儿〉——史沫特烈作》。

7月，《回忆鲁迅先生》由重庆妇女生活社出版。

10月，萧红与端木蕻良共同创作哑剧《民族魂鲁迅》。

12月，萧红创作完成长篇小说《呼兰河传》。

1941 年

1月，长篇小说《马伯乐（第一部）》由重庆大时代书局出版，署名为萧红。

2月，长篇小说《马伯乐（第二部）》在香港《时代批评》杂志连载，因萧红健康状况的日益恶化，小说未能完稿，连载到第九章结束。

萧红主持由"文协"香港分会等文化团体举办的欢迎史沫特莱、宋之的、夏衍、范长江等人来港的茶会。

3月，萧红创作了短篇小说《北中国》。

5月，史沫特莱准备回美国，并带走了萧红的一些作品，打算在美国出版萧红的作品。

8 月，萧红入住香港玛丽医院，诊断为肺结核。

9 月，萧红的《马房之夜》被美国作家译成英语，作品在美国发表。

11 月，因住三等病房，萧红受到冷遇，在于毅夫帮助下，出院回家。

1942 年

1 月 12 日，萧红入住跑马地养和医院。

1 月 13 日，萧红被误诊为喉瘤，并被医生实施了手术，手术失败，萧红的健康状况每况愈下。

1 月 18 日，玛丽医院重开业，萧红再次入住。

1 月 19 日，萧红病重，口不能言，在纸上写："我将与蓝天碧水永处，留得那半部'红楼'给别人写了……"又写："半生尽遭白眼冷遇……身先死，不甘，不甘！"

1 月 22 日，上午 10 点，萧红与世长辞，享年三十一岁。萧红死后，端木蕻良剪下萧红一缕青丝。1992 年，萧红的故乡黑龙江省呼兰县建萧红墓，墓中埋葬的就是端木蕻良剪下的这缕青丝。

1 月 24 日，萧红遗体火化。部分骨灰被葬在浅水湾丽都酒店前花坛里，后被迁葬回广州，剩余骨灰一直被安葬在香港，以供后人悼念。

编后记

　　萧红是 20 世纪 30 年代以来，个性和创作风格都相对突出的作家之一。由于特殊的生活经历和情感经历，加上受到鲁迅先生格外的提携和帮助，萧红一直受到了世人过多的关注和评论。她的主要作品如《生死场》《呼兰河传》等，也是图书市场上的常销书；关于她的研究书籍，市面上也不断有"新面孔"出现。新时期以来，仅我所见，就有萧凤的《萧红传》，骆宾基的《萧红小传》，萧军编著的《萧红书简辑存注释录》和《鲁迅给萧军萧红信简注释录》，庐湘的《萧军萧红外传》，美国汉学家葛浩文的《萧红评传》，钟耀群的《端木与萧红》，郭玉斌的《萧红评传》，叶君的《从异乡到异乡》，单元的《走进萧红世界》，季红真的《萧红全传》，等等多部，各种单篇文章更是数不胜数。这些书籍和文章，从不同的角度，书写了萧红短暂而不平凡的一生，对她独具特色的作品风格也进行了概述和评论。

就我个人阅读而言，萧红也是较早进入我阅读视野的作家之一。20世纪80年代初，那时我还是一个懵懂的文学少年，在阅读《生死场》时，产生了不小的障碍，觉得她的小说故事性不强，语言怪异，枝蔓多，风景描写也多，可读性不强，多次想弃之一旁，但转念一想，既然鲁迅先生都写了序言，那一定是好小说了，算是勉强读完了。直到多年后，读过《呼兰河传》并重读了《生死场》，才感觉到萧红的了不起，才顿悟：一个作家，不管他（她）活多久，作品的量有多少，一定要建立自己的语言体系和叙事风格，要有自己清晰的面目，用现在时尚的话说，要有辨识度，也就是说，要做一个文体家，对汉语有独特的贡献，否则，必定会被淹没在浩瀚的文字当中。沈从文是这样的作家，萧红也是这样的作家。直到这时候，我才对萧红的作品有了全新的认识。为了加深对她的了解，我还刻意搜罗她的著作和与她有关的文字，后来又陆续读到她的一些小说、诗歌和散文，如作为文学丛刊之一的《商市街》等，对她的语言风格和叙事风格更加地喜欢了，对她作品的文体特征和思想内涵更加地推崇了；同时，也开始关注有关她的评论，还把《鲁迅全集》里鲁迅致萧军、萧红的信，通读了一遍，对茅盾等人评价她的话也深以为然。

早在2014年，我在为中国书籍出版社选编"中国书籍文学馆·大师经典"时，就选编了《萧红精品选》，精选了她的小说、散文和诗歌共三十万字，出版后，连续加印了多次。后来又约扬州作家蒋亚林先生写了一本《从呼兰河到浅水湾——萧红传》，也由中国书籍出版社于 2015 年出版发行，在读者中产生了较大的反响，收到了较好的社会效益。

这次编辑"回望萧红"系列丛书，我们在三年前就开始启动，征求了许多专家学者的意见，书目也列了多种，经过多方面的考虑，我们选择了十种图书在前期出版，其中有萧红的代表作《生死场》（萧红中篇小说）、《呼兰河传》（萧红长篇小说）和《马伯乐》（萧红长篇小说），也有《旷野的呼喊》（萧红短篇小说选）、《红的果园》（萧红短篇小说选）和《春意挂上了树梢》（萧红散文选）。此外还把萧红写鲁迅的文章，选编成一本《亦师亦友亦如父：萧红笔下的鲁迅》。需要说明的是，在这本书中，有两篇关于鲁迅的文字没有收入，一篇是诗《拜墓》，一篇是哑剧《民族魂鲁迅》，因为这两篇文字收进了《有如青杏般的滋味：萧红诗歌戏剧选》里了。在《亦师亦友亦如父：萧红笔下的鲁迅》里，把鲁迅写给萧军、萧红的书信作为附录，也一并收入，读者通过对照阅读，可以了解鲁迅当年是如何扶持帮助他们成长为优秀作家的大致经过。此外，几年前出版的《从呼兰河到浅水湾——萧红传》，经作者同意后，也收入到这套丛书中，丰富

了这套书的内容，让读者在阅读萧红作品时，对她的一生有
个较详细的了解。

陈　武

2019 年 5 月 20 日匆匆于北京团结湖

主要参考书目

[1] 萧红著.萧红全集.哈尔滨：黑龙江大学出版社，2011

[2] 孙延林主编.萧红研究（第一、二、三辑）.哈尔滨：哈尔滨出版社，1993

[3] 王观泉编.怀念萧红.北京：东方出版社，2011

[4] 孙茂山主编.萧红身世考.哈尔滨：哈尔滨出版社，2003

[5] 李重华主编.呼兰学人说萧红.哈尔滨：哈尔滨出版社，1991

[6] 萧凤著.萧红传.天津：百花文艺出版社，1980

[7] 骆宾基著.萧红小传.哈尔滨：黑龙江人民出版社，1981

[8] 叶君著.从异乡到异乡.北京：中国社会科学出版社，2009

[9] 季红真著 . 萧红全传 . 北京：现代出版社，2010

[10] [美] 葛浩文著 . 萧红研究 . 香港：三联书店（香港有限公司），1989

[11] 郭玉斌著 . 萧红评传 . 北京：中国社会出版社，2009

[12] 庐湘著 . 萧军萧红外传 . 长春：北方妇女儿童出版社，1986

[13] 曹革成著 . 我的婶婶萧红 . 长春：时代文艺出版社，2005

[14] 萧耘，王建中主编 . 萧军全集 . 北京：华夏出版社，2008

[15] 萧军著 . 萧军日记 . 北京：华夏出版社，2008

[16] 张毓茂著 . 萧军传 . 重庆：重庆出版社，1992

[17] 萧军著 . 从临汾到延安 . 太原：山西人民出版社，1983

[18] 钟耀群著 . 端木与萧红 . 北京：中国文联出版公司，1998

[19] 萧军编著 . 萧红书简辑存注释录 . 哈尔滨：黑龙江人民出版社，1981

[20] 梅志著 . 胡风传 . 北京：北京十月文艺出版社，1998

[21] 萧军编著 . 鲁迅给萧军萧红信简注释录 . 哈尔滨：黑龙江人民出版社，1981

[22] 单元著 . 走进萧红世界 . 武汉：湖北人民出版社，2002

[23] 邢富君著. 从荒原走向世界——东北文学论. 大连：大连海运学院出版社，1992

[24] 杨义著. 中国现代小说史. 北京：人民文学出版社，1986

[24] 林贤治编注.1932—1942萧红十年集.北京：人民文学出版社，2009

主要参考书目